中国司法改革实证研究丛书

致力于中国司法制度、刑事诉讼制度和纠纷解决的
实证研究作品

四川省哲学社会科学重点实验室实证法学与智慧法治重点实验室支持
四川省哲学社会科学重点研究基地纠纷解决与司法改革研究中心支持
西南科技大学博士基金项目（20sx7105）支持
四川省犯罪防控研究中心项目（21sd4107）支持

中国司法改革实证研究丛书
左卫民/丛书主编

当代中国司法行政机关履职研究
以A省司法厅的实践为主要样本

RESEARCH OF CHINESE JUSTICE DEPARTMENT'S WORK
BASED ON JUSTICE DEPARTMENT OF A PROVINCE

刘腾肤／著

北京大学出版社
PEKING UNIVERSITY PRESS

图书在版编目(CIP)数据

当代中国司法行政机关履职研究：以 A 省司法厅的实践为主要样本 / 刘腾肤著. -- 北京：北京大学出版社, 2025. 8. --（中国司法改革实证研究丛书）. -- ISBN 978-7-301-36514-4

Ⅰ. D926.134

中国国家版本馆 CIP 数据核字第 2025NQ7398 号

书　　　名	当代中国司法行政机关履职研究——以 A 省司法厅的实践为主要样本 DANGDAI ZHONGGUO SIFA XINGZHENG JIGUAN LÜZHI YANJIU——YI A SHENG SIFATING DE SHIJIAN WEI ZHUYAO YANGBEN
著作责任者	刘腾肤　著
责任编辑	陈　康
标准书号	ISBN 978-7-301-36514-4
出版发行	北京大学出版社
地　　　址	北京市海淀区成府路 205 号　100871
网　　　址	http://www.pup.cn　http://www.yandayuanzhao.com
电子邮箱	编辑部 yandayuanzhao@pup.cn　总编室 zpup@pup.cn
新浪微博	@北京大学出版社　@北大出版社燕大元照法律图书
电　　　话	邮购部 010-62752015　发行部 010-62750672 编辑部 010-62117788
印　刷　者	河北博文科技印务有限公司
经　销　者	新华书店
	650 毫米×980 毫米　16 开本　14.25 印张　185 千字 2025 年 8 月第 1 版　2025 年 8 月第 1 次印刷
定　　　价	79.00 元

未经许可，不得以任何方式复制或抄袭本书之部分或全部内容。
版权所有，侵权必究
举报电话：010-62752024　电子邮箱：fd@pup.cn
图书如有印装质量问题，请与出版部联系，电话：010-62756370

"中国司法改革实证研究丛书"序

2014年10月20日至23日召开的党的十八届四中全会,无疑将在当代中国法治建设的进程史上留下划时代的一笔。继党的十八届三中全会提出进一步深化司法体制改革的措施后,党的十八届四中全会通过的《中共中央关于全面推进依法治国若干重大问题的决定》又提出了关于司法改革的重大举措,这对中国司法建设与改革而言显然具有积极意义。

长期以来,笔者及笔者带领的学术团队包括所指导的博士研究生,一直致力于司法制度、刑事诉讼制度和纠纷解决的实证研究,力图真切地把握中国司法与诉讼制度的运行现状,深度剖析其利弊得失,抓住切实存在的重要问题,探究其成因,并在此基础上提出有针对性和可操作性的改革建言。通过不断地开展实证研究,我们取得了关于司法与诉讼制度若干方面的一些研究成果。考虑到当前司法改革的重要性,也考虑到实证研究的重要性,笔者将我们团队近期有关司法制度的研究成果收辑成册,以中国司法改革实证研究为主题,由北京大学出版社出版。笔者的看法是,中国司法研究固然早成显学,但司法改革的正确推进尤其是长期有效推行,仍然有待科学、细致及深入的实证研究。有鉴于此,笔者将自己及所带领团队关于司法改革的实证研究成果奉献给大家,希望抛砖引玉,引起更多学界同仁关注并开展司法实证研究,同时也为当下和未来的司法改革提供些许参考。

  需要指出的是,对于法学研究者而言,实证研究是一种新兴的研究方法,无论是笔者抑或笔者所带领的团队成员,都有一个学习与掌握的过程。本系列作品中,有些实证研究方法运用得比较多,有些则比较少;有些运用得比较好,有些则有所欠缺,但鉴于这些作品大都或多或少地运用实证研究方法,比如使用数据展开分析等,因此笔者仍然以实证研究为主题辑录在一起。其中不当之处,敬请读者诸君批评。

左卫民

2014 年 12 月 3 日于四川大学研究生院

自　序

当代中国正处在一个高速转型的时期,无论是在政治与行政方面还是市场与社会方面,均与新中国成立初期和改革开放初期有巨大的差异。纵观1949年以来的历史,我国已历经了多个社会经济发展阶段,党和国家机构组织与相关制度亦是久经试炼——一次又一次的机构改革正是党和国家对社会经济变迁的回应。习近平总书记在党的十九大报告中指出:"中国特色社会主义进入新时代,我国社会主要矛盾已经转化为人民日益增长的美好生活需要和不平衡不充分的发展之间的矛盾。"进入新时代,在社会经济状况发生变化的背景下,笔者接触到了本书的研究对象——司法行政机关的职能。

得益于改革开放后我国法学理论研究和法律实践的日益繁荣,当前几乎所有的法律话题、领域皆有学者和实务专家涉足,未被开垦的学术田地已然难以寻觅。正因为如此,创新特别是大量创新的难度大幅增长,如何推出"新东西"业已成为众多研究者苦思冥想之事。在这一背景下,诸多优秀的研究者调整思路,为学术界引入了新视阈、新理论、新方法,如学界近年来兴起的法经济学理论、法社会学理论、法律实证研究方法以及跨学科的"法律+人工智能"等。除此之外,也有一部分研究者将目光投向了学术界少有涉及的冷门领域,以期避开热门学科的"激烈竞争",在"冷板凳"上产出"新成果"。而笔者之所以选择司法行政机关的职能这一主题,正是受到这一思路的启发。

坦率地讲,作为近现代政法系统的重要职能部门之一,我国司法行政机关的经历是相对丰富的。中华人民共和国成立后,司法行政机关经历了一次废立、三次职能重大调整和无数次职能微调,其职能框架和履职状况亦是高度动态化。比起公安机关、检察机关和审判机关,司法行政机关的经历不可谓不丰富,特别是在2018年司法行政机构改革之时,司法行政机关因其重大职权配置调整,一时间成为焦点。笔者认为,对于这样一个有着丰富经历的考察对象,无论外界关注程度如何,细细品味总能发掘出有价值的内容;更何况彼时它还位于"风口",是当时的热点。不过,司法行政是一个庞大、复杂的领域,其中不少话题均可"自成一派";单以司法行政机关作为研究对象是不明智的——如此,限缩研究范围,精准定位研究对象是必要的。然而,确定一个"小题目"并非易事,尽管司法行政机关有不少值得研究之处,但选择一个可以深度挖掘的话题并以之写作一本至少"像模像样"的书却颇令笔者绞尽脑汁——一方面,一些话题虽有价值但在理论上深度探讨的可能性不强;另一方面,一些有深度探讨可能性的话题又缺乏相关的理论或体系。事实上,笔者一开始是想研究司法行政机关与公安机关、检察院与法院的关系,但笔者很快发现,这一话题不仅基础相对薄弱,且需要深度探讨的内容已从司法行政机关本身"外溢"——这样就有话题过于宏大的风险。如此,笔者只能"忍痛割爱",重新开始为题目上下求索。最后,几经思考,笔者决定将注意力集中于省级司法行政机关的职能调整这一话题上,进一步讲,即对省级司法行政机关主要基于履职实践的职能调整和相关改革的前瞻。

总体而言,虽然确定了司法行政机关的职能这一研究主题,但本书的写作并非一帆风顺,光是本书的框架就经历了十余次调整,期间还遇到了各式各样的困难。回味这段经历,笔者不禁感叹:学术的"西天取经路"无论是走热门路线还是冷门路线,都要经历九九八十一难。

当然,本书并非"真经",其依然存在不少有待完善之处;对于笔者而言,本书也不是终点,而是漫漫研究路上的一个注脚。

最后,笔者在此对左卫民教授、A省司法厅、西南科技大学法学院、四川省犯罪防控研究中心以及北京大学出版社的编辑致以诚挚的谢意,感谢你们对本书的大力支持!

刘腾肤

2025年5月15日

目 录

导 论 ·· 001
 第一节 问题的提出 ··· 001
 第二节 文献综述 ··· 003
 第三节 研究对象 ··· 006
 第四节 思路与结构 ··· 011
 第五节 方法与材料 ··· 017

第一章 省级司法行政机关职能的基础与沿革 ········· 020
 第一节 司法行政的基础理论 ···························· 021
  一、司法与司法行政 ···································· 021
  二、司法行政权与司法行政机关 ················· 023
  三、司法行政机关的职能 ···························· 026
 第二节 省级司法行政机关职能的演变及其当下的样貌 ··· 028

第二章 省级司法行政机关履职的实证图景 ············ 038
 第一节 具体职能内容、履职的业务量、时间分配
     及工作强度 ······································· 040
  一、职能的具体内容及履职方式 ················· 040
  二、业务数量 ··· 044
  三、业务人员的有效工作时间与工作强度 ···· 047
 第二节 省级司法行政机关行政立法、行政执法和刑事

　　　　执行类职能履行状况 ………………………… 049
　　　一、行政立法类职能的履行状况 ………………… 049
　　　二、行政执法类职能的履行状况 ………………… 051
　　　三、刑事执行类职能的履行状况 ………………… 058
　第三节　省级司法行政机关公共法律服务类职能履行
　　　　状况 …………………………………………… 062
　　　一、法律服务管理类职能的履行状况 …………… 062
　　　二、法律服务提供类职能的履行状况 …………… 101
　　　三、其他类职能的履行状况 ……………………… 107
　第四节　小结:省级司法行政机关履职的整体状况 … 120

第三章　省级司法行政机关履职状况的影响因素 ……… 130
　第一节　市场与社会维度:市场与社会的自治与自律 … 131
　　　一、市场与社会自治的兴起 ……………………… 132
　　　二、仍不成熟的市场与社会 ……………………… 139
　第二节　党和国家维度:政治与行政主导 …………… 142
　　　一、必经的政府本位 ……………………………… 143
　　　二、政治任务的需求 ……………………………… 148
　第三节　机关单位维度:省级司法行政机关的"不管"
　　　　与"管" ………………………………………… 153
　　　一、政法体系中的"不管部" …………………… 154
　　　二、履职实践中的"管好" ……………………… 159
　第四节　小结:多重因素影响下的省级司法行政机关履职
　　　　状况与判断 …………………………………… 164

第四章　省级司法行政机关职能调整与其他相关改革前瞻 … 171
　第一节　省级司法行政机关职能调整逻辑 …………… 172

一、国家治理现代化的视阈 …………………………… 173
　　二、大部制下的职能调整逻辑 ………………………… 176
　　三、共建共治共享下的职能调整逻辑 ………………… 179
　第二节　省级司法行政机关职能调整与其他相关改革的
　　　　　策略 …………………………………………… 183
　　一、市场与社会维度：行业协会的服务化改革 ……… 184
　　二、党和国家维度：理顺政治与行政和市场与社会的
　　　　关系 ……………………………………………… 186
　　三、机关单位维度：职能的具体调整 ………………… 189
　第三节　结　语 ………………………………………… 199

参考文献 ………………………………………………… 203

导　论

第一节　问题的提出

与长期被作为热门研究对象的公安机关、检察机关和审判机关相比,司法行政机关是一个相对"冷门"的研究对象。尽管学术界和实务界不时产出关于司法行政领域的研究成果,但与热门研究领域相比,学术界和实务界对司法行政领域进行系统性、全局性研究的成果十分有限①,这与不少地方司法行政机关(特别是省级司法行政机关)②自身工作的对外透明度和开放度不高有很大关系。在过去的一段时间里,因司法行政系统组织和职能相对稳定、少有重大调整,各类研究成果相对较少的状况倒也未给司法行政系统带来较大的现实危害。然而日常积累的缺失最终还是引发了蝴蝶效应——在 2018 年司法行政机构改革中,司法行政系统明显有些应接不暇——不仅不少

---

① 参见任永安、卢显洋:《中国特色司法行政制度新论》,中国政法大学出版社 2014 年版,第 1 页。

② 需要提前说明的是,鉴于实证材料的选择和司法行政系统本身的复杂性,本书所称"司法行政机关"若无特别说明,多特指省级司法行政机关,而非所有的地方三级司法行政机关。

地方司法行政系统对职能定位的认知不足,整个系统在原有职能的具体内容和履职方式调整方面亦鲜有较大动作。综合来看,司法行政系统面临的问题多种多样,要全部解决非一朝一夕所能完成的;即便仅作理论探究也难以面面俱到。如此一来,选取具有代表性、典型性的问题进行深度挖掘,也不失为抛砖引玉之策。诚如孟德斯鸠所言:"探究一个题目不应穷源尽委到了不留任何事情给读者做。问题不应该是让人去阅读,而应该是让人去思考。"①有鉴于此,笔者以主要基于省级司法行政机关履职状况的职能调整和相关改革前瞻作为本书的研究主题。

客观地讲,尽管当前司法行政机关的职能框架较为明晰,但学术界和实务界对司法行政机关理论和实践中的履职状况的认知存在分歧,如实务机关自称履职点多、线长、面广,从宏观到微观一应俱全,业务量大,任务繁重。② 学术界不完全认可这种说法,有学者指出,我国司法行政机关属于一种兼掌宏观司法行政事务与政府法律事务的行政机关,大量行使宏观管理职能。③ 在笔者看来,判断学术界和实务界孰是孰非只是本书研究的一个方面,或者说是手段之一,主要通过省级司法行政机关的履职状况分析其哪些职能需要调整、该如何调整,才是本书写作的直接目的。然而正如上文所述,不仅省级司法行政机关实践中的履职状况较为模糊,就连省级司法行政机关的具体职能特别是律师管理、公证管理等法律服务管理类职能也鲜有清晰的总结。在此基础上,各省级司法行政机关在2018年司法行政机构改革中的表现虽有可圈可点之处,但仍不尽如人意——虽增加了新的职能、重组了部分内设机构,但对各项职能的

---

① 〔法〕孟德斯鸠:《论法的精神》(上册),张雁深译,商务印书馆1959年版,第221页。
② 参见肖扬:《肖扬法治文集》,法律出版社2012年版,第412页。
③ 参见陈瑞华:《司法行政体制改革的初步思考》,载《中国法律评论》2017年第3期,第28页。

具体内容和履职方式多未加调整。诚然，现状和过去是不可分割的，当前改革的不完美与对过去履职状况的学术梳理总结不足密切相关。有鉴于此，笔者拟主要以实践为线索，在梳理我国省级司法行政机关职能的谱系的基础上考察改革开放以来我国省级司法行政机关的履职状况，以此为未来省级司法行政机关的职能调整和相关配套改革建言。

第二节　文献综述

自中华人民共和国成立初期司法部和地方司法行政机关成立以来，学术界和实务界便开始了对司法行政的研究：早在1954年《人民法院组织法》公布之际，便有研究者著文讨论了司法行政与审判工作分离的问题。① 虽然该文主要以法院内部组织为研究对象，但却是中华人民共和国成立后中国研究者首次在学术期刊上讨论司法行政理论问题。此后，对司法行政特别是对司法行政机关的专门研究也陆续出现。虽然不久之后（1959年）我国司法行政机关即被撤销，但对司法行政的研究一直持续到20世纪60年代后期。到了1979年，随着司法部和地方司法行政机关的恢复重建，学术界和实务界对司法行政的研究也开始复苏，相关成果亦从这一时期开始日渐丰富。

在既有的研究中，仅以"是什么"和"为什么"作为主题的研究占了一定的比例，研究对象既有司法行政制度整体也有司法行政机关某个职能或某一方面。具体而言，在司法行政制度整体方面，比较有代

---

① 参见魏文伯：《对于"中华人民共和国人民法院组织法"基本问题的认识》，载《法学研究》1955年第1期，第6页。

表性的有王公义对我国司法行政体制历史沿革的梳理①,以及陈瑞华提出的"我国司法行政机关属于一种兼掌宏观司法行政事务与政府法律事务的行政机关"②等观点。此外,有不少学者亦著书对我国司法行政制度进行了理论上的梳理③,从而大大扩展了我国司法行政研究的范畴。其中最让笔者关注的是司法行政的理论架构,即司法行政的内涵和外延——这是基础中的基础,对笔者而言,也是本书写作的逻辑前提,直接关乎后文实践描述与结论的准确性。对于这一问题,学术界还未达成共识,常见的观点有"司法行政即是有关司法的行政活动"④、"与司法有关的行政或行政管理"⑤等,这些观点均围绕司法行政这一名词展开,重点突出司法与行政的关系,可以说相当简洁明了。不过学术界虽然有所争论,但大体上还是能在某些方面达成一致:一是司法行政以司法权运行为基本范畴,以司法活动为核心内容,包括司法管理活动、司法保障、法治服务等内容,内容上具有特定性。⑥ 二是司法行政性质上是行政性的,是提供行政性质的管理与服务的活动,即行政或是与司法有关的行政活动。⑦ 从上述研究可以看出,多数学者认为,司法行政机关大体上与司法机关关系紧密,但这并不意味着司法行政事务就是司法事务,其本质上仍是行政活动。对于这些观点,笔者在理论层面基本赞同,但在实践层面可能就是另一回

---

① 参见王公义:《我国司法行政体制的历史沿革》,载《中国司法》2004 年第 1 期,第 21 页。
② 陈瑞华:《司法行政体制改革的初步思考》,载《中国法律评论》2017 年第 3 期,第 28 页。
③ 在这一方面有影响的专著有:任永安、卢显洋:《中国特色司法行政制度新论》,中国政法大学出版社 2014 年版;董开军主编:《司法行政学》,中国民主法制出版社 2007 年版;关保英:《司法行政法新论》,山东人民出版社 2011 年版。
④ 王圣诵、王成儒:《中国司法制度研究》,人民出版社 2006 年版,第 41 页。
⑤ 张福森:《司法部长谈司法行政》,法律出版社 2006 年版,第 3 页。
⑥ 参见任永安、卢显洋:《中国特色司法行政制度新论》,中国政法大学出版社 2014 年版,第 14 页。
⑦ 参见董开军主编:《司法行政学》,中国民主法制出版社 2007 年版,第 24 页。

事了,对此笔者将在本书第二章详细阐释。至于对司法行政机关某一方面或某个职能的研究,由于考察对象相当微观,往往不以司法行政的名义出现,因而多被归入其他研究领域。其中较有代表性的有:范愉对人民调解组织进行考察研究后发现,实践中人民调解组织存在工作专业化、调解程序规范化和多样化等特点。① 钟莹等人在研究了戒毒管理模式后指出,"个案管理对戒毒工作的顺利开展具有成效"②。虽然这些研究成果多数没有被纳入司法行政研究领域,但对主要研究司法行政机关履职状况的笔者而言,仍有不小的参考价值。

接下来是在论述"是什么"和"为什么"后更进一步提出"怎么办"的研究。在这一方面,研究对象不仅涉及与司法行政机关相关的具体问题,也涉及对司法行政制度整体的探讨。如早在 20 世纪 50 年代就有学者在研究了司法行政机关与法院的关系后提出:"审判和司法行政是两种不同性质的工作,分立使法院集中精力做好审判工作,又使司法行政工作与整个国家行政工作相适应。"③建议司法机关和司法行政机关分开设立。而后,又有学者提出:"审判与司法行政合一,对我国现行司法行政制度是必要的。"④反对司法行政机关管理法院司法行政事务,建议法院自行管理。改革开放后,随着司法行政机关的恢复重建,学术界出现了一批重新研究、审视我国司法行政制度的文章,其中较有代表性的观点和成果,如有学者提出"我国司法行政机关与公、检、法是相互配合、相互制约的关系"⑤。进入 20 世纪 90 年代

---

① 参见范愉:《社会转型中的人民调解制度——以上海市长宁区人民调解组织改革的经验为视点》,载《中国司法》2004 年第 10 期,第 8—9 页。
② 钟莹、梁国勋:《个案管理:社区戒毒工作的新模式》,载《华东理工大学学报(社会科学版)》2008 年第 2 期,第 25 页。
③ 魏文伯:《对于"中华人民共和国人民法院组织法"基本问题的认识》,载《法学研究》1955 年第 1 期,第 6 页。
④ 吴建璠:《我国司法行政制度的改革》,载《法学研究》1959 年第 3 期,第 50 页。
⑤ 杨以才:《司法行政机关与公、检、法机关之关系问题初探》,载《中南政法学院学报》1987 年第 1 期,第 54 页。

后，学术界开始关注司法行政的制度安排和职权配置问题，实务界也开始在期刊、报纸等载体上发声，宣传自己工作中的创新和亮点，以期完善我国司法行政制度。如有实务专家指出："司法行政系统办公室在协调工作时应当做到思想统一、政策统一和步调统一。"[①]有学者在研究司法行政机关法律服务职能时提出："实施司法行政'大服务'需要坚持优化职能、强化特长、深化改革等原则。"[②]笔者认为，不论这些路径是否具有可行性，其解决我国司法行政机关现实问题的思路是值得学习的，这些研究成果也将为笔者建言提供重要参考。

略有遗憾的是，虽然学术界和实务界目前关于司法行政制度和司法行政机关的理论研究成果已较为充实，但运用法律实证研究等方法对司法行政制度和司法行政机关特别是省级司法行政机关职能进行研究的文献却相对较少，虽有一些研究成果涉及现实问题，但对实践的把握仅停留在具体问题上，缺乏整体性；同时也很少涉及数据研究，在反映问题的直观度上略有不足。有鉴于此，笔者在本书中将更多地采用法律实证研究等方法，以期更直观地反映现实状况，对司法行政领域研究的完善尽微薄之力。

第三节 研究对象

本书的研究对象是改革开放后我国省级司法行政机关的履职状况，准确地说，是对我国省级司法行政机关履职状况进行考察并判断其相关职能是否需要调整。对于这一研究对象和主题，笔者认为有两点需要详细说明：

---

① 王文生：《谈司法行政系统办公室的协调工作》，载《中国司法》2001年第2期，第56页。

② 梁德超：《论司法行政服务的几个问题》，载《山东社会科学》1996年第2期，第46页。

其一，何为履职状况。客观地讲，"履职状况"并不能涵盖本书的全部研究内容。事实上，履职状况是一个内涵相当丰富的概念，若不明确其指代会造成逻辑上的混乱。从本书写作的主要目的出发，笔者认为，与机关单位职能调整及相关改革息息相关的履职状况可以从两个方面解读：一是实际工作量，这是本书研究的副指标。从实证的角度看，实际工作量一直是衡量一个机关单位履职状况的常用指标，也是对机关单位履职状况进行深挖的必要线索。① 简单地讲，若一个机关单位的实际工作量不大不小，那么该机关单位履职状况至少从表面上看不存在大问题。相反，若一个机关单位实际工作量较大或远低于预期，那么该机关单位履职状况很有可能存在一定的问题并需要调整。如是，在本书中，笔者将以实际工作量为副指标，挖掘省级司法行政机关履职过程中可能存在的问题与特殊现象。不过，实际工作量的衡量也非易事：对于法院这种职能相对单一、履职较为直观的机关单位而言，实际工作量的测算要容易得多。但大部分机关单位特别是司法行政机关这种具有大量行政管理类职能的机关单位，对其实际工作量的测算则相对困难，必须使用一些非常规的方法，对于这一点，笔者将在本书第二章详细论述。不过需要指出的是，在本书中，实际工作量的作用相对单一，换句话讲，笔者并不是在研究省级司法行政机关"案多人少"之类的问题，而是要审视司法行政机关的履职实践是否合理、职能是否需要调整（这就涉及本书的主指标）。对于实际工作量，笔者更倾向于将其作为发现履职实践中问题的线索以及未来职能调整的风向标（简单地讲，若一项职能的实际工作量经常过大或过小，那么作为主指标的实际职能的具体内容及履职方式很有可能存在问题，在可能的调整中便需要参考实际工作量并与之相适应）。因而

---

① 类似的研究可参见左卫民等：《变革时代的纠纷解决——法学与社会学的初步考察》，北京大学出版社2007年版；冉井富：《当代中国民事诉讼率变迁研究——一个比较社会学的视角》，中国人民大学出版社2005年版。

在本书中，笔者对实际工作量的考察与论述会相对简单。二是实际职能的具体内容及履职方式，这是本书研究的主指标。客观地讲，在我国司法实践和行政实践中，理论与实践、规范与实践存在较大差异的情况举不胜举，应然与实然间的考察已然成为透视当代机关单位乃至行政、市场和社会现象的必经步骤。更何况对于不少行政机关而言，其履职状况本身就是模糊的——如上文提及的学术界与实务界关于司法行政机关履职状况的争论，其多是围绕司法行政机关职能的应然层面，很少触及实然状态。事实上，当前包括司法行政机关在内的大量行政机关的职能内容和履职方式在规范和实践层面均是笼统的，要明确省级司法行政机关的职能内容和履职方式，不仅要研读规范，还要考察其实践样态，如此才能准确透视省级司法行政机关履职实践中存在的有价值的现象、问题及其背后折射出的市场与社会、党和国家、机关单位三者的互动——或者说通过审视市场与社会、党和国家、机关单位三个维度的影响因素，判断省级司法行政机关各项职能的具体内容及履职方式是否需要调整（这也意味着本书的原因分析、改革前瞻将主要围绕实际职能的具体内容及履职方式展开）。总而言之，在本书中，为提出准确、可行的建议，笔者将主要运用实际职能的具体内容及履职方式这一指标、辅助运用实际工作量这一指标，以此研究省级司法行政机关的履职状况。值得一提的是，笔者所说的"职能调整及相关改革"是指对某项职能的具体内容及履职方式的调整，以及围绕该职能调整的配套改革，而非宏观层面省级司法行政机关职能定位的改革或司法行政制度的宏观建设。同时还需要说明的是，本书研究的改革开放后省级司法行政机关履职状况中的"职"不包含司法机关司法行政事务管理职能。之所以作此界定，是因为在改革开放后司法行政机关职能变迁过程中，省级司法行政机关的司法行政事务管理职能仅在履行一小段时间（不到一年）后即被撤销，其已不属于司法行政系统，也缺乏足够的数据、文件等必要材料，更鲜有前瞻的意义。

其二,为何研究范围局限于省级司法行政机关。虽然在某些领域仅以一级机关就能涵盖整个系统的实践状况,但在司法行政领域这种便利是不存在的。事实上,不同层级的司法行政机关的职能有不小的差异,从规范层面看,在律师管理、公证管理等职能领域,县级司法行政机关没有行政处罚的权力,该职权被明确分配给省级和市级司法行政机关。除规范层面外,在实践层面,三个层级的司法行政机关履职的侧重点也各不相同。同样在律师管理、公证管理等职能领域,省级司法行政机关除法律法规明确规定的执业许可、考核、变更、注销和行政处罚这些只能由政府管理的事务以外,还管理大量法律法规没有规定或没有明确、清晰解释的"项目"(此处的"项目"类似于项目管理意义上的"项目"),这就使得省级司法行政机关的履职因"项目"众多而丰富多彩。然而在市、县两级司法行政机关履职层面,类似的"项目"大大减少,两级司法行政机关,特别是县级司法行政机关,其实践中职能的具体内容和履职方式相当单一,除了上文所述的法律法规明确规定的事务外,通常是协助上级机关完成"项目",并没有多少自己的"项目"。在这一背景下,笔者选择了省级司法行政机关作为实证考察的对象,具体理由有三:第一,从规范的角度讲,省级司法行政机关的职能最丰富,与司法部的职能最接近。即便在职能的具体内容和履职方式层面,部分职能不由省级司法行政机关直接行使(如社区矫正),但作为上级单位,省级司法行政机关指导监督下级机关履职,从而间接行使了这些职能。第二,在实践层面,如上文所述,省级司法行政机关在清晰的规则之外,履行了不少法律未明确规定或未明确解释的事务,这些事务的变迁成为笔者透视司法行政机关履职背后的党和国家、机关单位、市场与社会三个维度影响因素的绝佳视角。若以履职状况相当"循规蹈矩"的市级和县级司法行政机关为考察对象,则这一层逻辑很难实现(虽然如上文所述,在明确、清晰的规矩之外,市级、县级司法行政机关也有部分"项目",但这些"项目"多是经省级司法行政机关分配的,并不是自己的,在此种情况下,直接追根溯源地考察省级司法行政机关更具有意义)。第三,与法院系统不同,司法行政系统无论是机构设置还是履职皆存在"上浮"的态势。在法院系统内,基层和中级人民法院是办案的"主力",其人力资源配置整体上高于高级人民法院。而司法行政系统则正好相反,其机构设置、人力资源配置等皆呈现从下至上逐级递增的态势,大量职能只有高级(省级)单位具备或由省级单位单独、牵头履行,上级(省级)司法行政机关无论是履职经验还是相关资料均比下级单位丰富,这于实证研究相当有利。

综上所述,笔者选择考察省级司法行政机关的履职状况。当然,这么做最大的不足便是本书研究对象的代表性和典型性很大程度上局限于省一级机关单位,在市、县两级司法行政机关履职层面代表性不足。不过,在某些职能的具体内容和履职方式相近的领域,省级司法行政机关还是能代表整个系统的。与此同时,由于司法行政系统本身的复杂性,在本书中强行引入市级和县级司法行政机关的履职实践会严重破坏既有的理论框架和体系,并使本书极度复杂化,这是笔者想尽力避免的——事实上,在司法行政研究领域,学术界要么采用相当宏观的研究方法以回避实践中三级机关之间存在的差异,要么专注于某一个或某一级机关单位开展研究,像法院研究领域那样以一篇独立的文章轻易横跨多级机关单位的实践性研究,在司法行政领域极度少见。如是,本着一项研究解决一个问题的原则,笔者在本书中仅以省级司法行政机关作为考察对象。虽然研究集中于省级机关单位导致研究对象的代表性和典型性不足,但在司法行政系统的实践中,仅研究省级单位已能涵盖司法行政领域的相当一部分问题。对于市级和县级司法行政机关的履职实践,笔者拟在今后的研究中予以补足。

第四节 思路与结构

如上文所述,本书的研究对象是我国省级司法行政机关的履职状况,且以其实际职能的具体内容及履职方式为主要指标。就学术界和实务界的经验以及笔者的判断而言,实践中的履职状况特别是作为主指标的职能的具体内容及履职方式是相当复杂的,传统的研究方法在这一过程中可能会失灵。因此,为明确研究思路,更好地观察作为主要内容的我国司法行政机关职能的具体内容及履职方式形成与变迁的过程,笔者参考了周雪光等人的研究成果,借用了他们提出的"多重制度逻辑及其相互作用解释发生变化的制度"①的分析框架,即多重机制相互作用下的过程。坦率地讲,这种分析方法相当依赖观察对象自身的性质,虽然制度的变化往往由多重因素和多个利益主体驱动,但在利益主体之外,很多时候变革的片段性和"渐进性"②令细致考察一个历经变化的制度变得相对困难,特别是从制度的起源观察至今——在漫长的时光中,各种因素和主体很难贯穿始终,多数只起到阶段性、暂时性的作用,这就在整体上使得制度变迁的过程因要素过多而略显臃肿,不利于整体把握、评价。如此,在讨论"多重制度逻辑及其相互作用"之前,必须解决研究对象时空跨度过长的问题,而最具可行性的办法是对研究对象作时间上的限定,即在一段特定或几段具

---

① "制度逻辑指某一领域中稳定存在的制度安排和相应的行动机制。这些制度逻辑诱发和塑造了这一领域中相应的行为方式。"周雪光、艾云:《多重逻辑下的制度变迁:一个分析框架》,载《中国社会科学》2010年第4期,第132页。

② 语出伯克对英国革命的评价,他认为"英国的自由因英国革命有了显赫的自由血统,因此英国的渐进式革命是(英美)社会变革的典范"。〔英〕埃德蒙·伯克:《法国革命论》,何兆武、许振洲、彭刚译,商务印书馆1998年版,第112页。笔者在此引用伯克的论述是为了说明制度变迁并非一蹴而就,而是在长期的历史过程中不断反复才得以螺旋式发展。

有相似性的时空背景下观察制度的发展变迁,这也是目前国内法学研究常用的范式。① 具体到本书,虽然司法行政最早于晚清时期开始在我国生根发芽,但若要以此为起点细致考察,则是本书的体量所不能承受的。因此笔者将起点设置为中华人民共和国成立后,而主要观察对象则设定为改革开放后司法行政机关的履职状况(实际职能的具体内容及履职方式)。之所以如此设定,一是为回避历史背景的巨大变化使得制度本身产生大幅变化这一因素,即减少"断代"的影响;二是因为改革开放后省级司法行政机关的职能相对稳定,较少出现反复和朝令夕改的情况,方便研究者观察某一时间段内省级司法行政机关实际职能的具体内容及履职方式形成与变迁的动态过程;三是因为同在中国特色社会主义建设的背景下,改革开放后省级司法行政机关的职能变迁史对当今改革的启发意义更大。不过仍需提及的是,在本书中,笔者虽以改革开放后的历史作为正式、主要的观察对象,但实证研究和理论探讨的重点时间段却不完全等于改革开放后的历史,而是本书标题所指的"当代",至于何谓当代,笔者将在本书第二章予以详细阐释,在此仅作前置性提及。

回到"利益主体"层面,既然要分析实际职能的具体内容及履职方式形成与变迁过程中多重制度逻辑及其相互作用,那么在我国省级司法行政机关履职过程中,究竟有几重机制、几个主体在推动呢?传统研究成果显示,包括国家机关职能在内的我国法律制度的确立很大程度上是政策导向(政治与行政导向)②,行政机关有何职能多依据党和国家的法律或政令。笔者并不否认这种观点的正确性,事实上党和国

---

① 典型的如何永军将人民法院建设史的研究范围限定在1978—2005年这一时间段,参见何永军:《断裂与延续——人民法院建设(1978—2005)》,中国政法大学出版社2018年版;宋智敏将行政诉讼制度变迁史的研究范围限定在清末至民国末年这一历史区间,参见宋智敏:《从行政裁判院到行政法院——近代中国行政诉讼制度变迁研究》,法律出版社2012年版。

② 参见孙涛、张怡梦:《从转变政府职能到绩效导向的服务型政府——基于改革开放以来机构改革文本的分析》,载《南开学报(哲学社会科学版)》2018年第6期,第3页。

家确实对机关单位有很大影响。但仅理解到这一层面似乎有些"漂移"。事实上,在宏观的职权配置和职能规范层面,党和国家确实起了很大的作用。但在相对中观和微观的实际职能的具体内容及履职方式层面,党和国家顶层设计的影响力相对有限——党和国家不可能也不会"事无巨细"、完全设置好机关单位履职的条条框框,其规定、政令多是笼统的、"普适"的(如《律师法》规定司法行政机关指导、监督律师行业,但指导、监督什么内容,以什么样的方式指导、监督却没有明确规定),具体情形如何主要还是要依靠单位自身及其他相关单位的阐发。因而在多数情况下,一个机关单位的实际职能的具体内容及履职方式很难受党和国家的直接影响。但这并不意味着党和国家在中观和微观层面不能直接影响机关单位,事实上,党和国家依然通过两种方式直接影响机关单位实际职能的具体内容及履职方式,一种是相对较少的、不固定的直接指令,如党和国家直接指派司法行政系统作为法律服务行业的恢复重建者,以行政手段直接介入市场与社会活动;另一种是固有的政治相关事务,如省级司法行政机关法制(治)宣传中的政治宣传,在法律服务管理层面全面落实党对法律服务行业的领导(由于司法行政机关并非政治机关,其政治任务的完成必须依照党的中观和微观指示)。不可否认,党和国家是一个机关单位实际职能的具体内容及履职方式形成与变迁的参与者(主体、因素)。

相应的,既然拆分了政治与行政,单独提出了党和国家,那么机关单位就是另一种作用力。客观地讲,党和国家、机关单位行动的着力点并不一致,执政党多是站在全国、宏观层面行事,而机关单位则多是从自身职权、中观和微观的角度出发——正如上文所述,在相对中观和微观的实际职能的具体内容及履职方式形成与变迁层面,具体情形如何主要还是要依靠单位自身及其他相关单位的阐发。因此,笔者认为,机关单位的因素有必要单独论述。

除了党和国家及机关单位(政治与行政),笔者认为还有一层因素不可忽视,即市场与社会——市场与社会环境及受众对司法行政机关履行职能的反应。虽然当前我国仍具有很强的政治与行政主导因素,但市场与社会机制也占有重要地位,特别是对于改革开放后司法行政系统这类主要职能是公共法律服务、面向市场和社会大众的国家机关而言,在部分职能履行层面,市场与社会机制尤为重要。当然,市场与社会并不能像党和国家、机关单位那样,直接决定单位应当如何行使这些职能,它更多的是潜移默化地影响司法行政机关的职能履行。

综上所述,笔者将采用党和国家维度、机关单位维度和市场与社会维度作为分析框架,探讨改革开放前后省级司法行政机关履职状况的成因并作为判断大部分职能履行实践是否需要调整的依据。同时应当指出的是,在中观和微观层面,并不是所有实际职能的具体内容及履职方式的形成与变迁皆能体现出党和国家、市场与社会两个维度的内容,多数职能主要受机关单位单维度的影响。在下文的研究中,笔者将会特别注意这一点。

依照上述思路,除导论外,本书主体内容分为四章。

第一章是我国省级司法行政机关职能的基础、谱系与比较。笔者首先对司法、司法行政、司法行政权、司法行政机关和司法行政机关的职能进行剖析,以建立理论基础,作为全书论述的起点,并以司法行政机关的职能作为贯穿全书的主线。其次,笔者将描述我国省级司法行政机关的职能沿革作为纵向对比的素材,为后文的论述打下基础。

在本书第二章,笔者将介绍1980年至2019年我国省级司法行政机关的具体职能及其履行状况,这一时期省级司法行政机关职能的具体内容虽然间或有职能被撤销或新增,但定位较稳定,便于统一观察。笔者将采用实证研究的方法阐释省级司法行政机关这一时期的履职状况。值得一提的是,这一时期我国省级司法行政机关的职能多而杂,若一一单列会使结构显得凌乱,因此多数研究者会依照职能的性质将司法部和省级司法行政机关的职能归入几个大类中,常见的学理分类有司法保障、安置帮教和法律服务等。① 这些分类方式相当合理,但却是理论研究的分类法,与当前司法实务机关的习惯有所偏差。在实践中,司法行政系统对自身职能的划分也多次改变,最新的分类方法是司法部与国务院法制办公室的职能整合后提出的,即"一个统筹,四大职能"。所谓"四大职能"是指当前司法行政机关职能的四个大类:一是行政立法,仅包括行政法规与部门规章的制定(实践中均称"行政立法")一项职能。二是行政执法,包括强制戒毒管理、依法行政指导、合法性审查、行政执法监督以及行政复议与行政应诉五项职能。三是刑事执行,包括监狱管理、社区矫正两项职能。四是公共法律服务,包括律师管理(包含法律援助管理)、公证管理、司法鉴定管理、人民调解管理、基层法律服务管理、人民陪审员管理、人民监督员管理、仲裁机构登记、法制(治)宣传②、组织实施国家司法(法律职业资格)考试③、法学教育管理④、司法协助十二项职能。客观地讲,这种分类方法虽较好地将目前司法行政系统的各项职能分门别类,但在一些细节上仍值得推敲,如公共法律服务类职能外延过大、涵盖过广,难以体现该类别职能的特色。事实上,就法律服务的定义而言,人民陪审员管理、人民监督员管理、法学教育管理和组织实施国家司法(法律职业资格)考试,在严格意义上很难被称为"公共法律服务"。如是,为更加准确地阐释省级司法行政机关的职能,笔者在本书中进一步细化了该分类,即在公共法律服务类框架下,将该类别的职能进

---

① 参见任永安、卢显洋:《中国特色司法行政制度新论》,中国政法大学出版社2014年版,第1—5页。

② 需要说明的是,在2018年司法行政机构改革前,司法行政系统正式使用的是"法制宣传"这一名称,而在改革后,"法制宣传"转变为"法治宣传"。对于这一职能,笔者将统一为"法制(治)宣传",以涵盖前后两种称谓。

③ 在2018年国家司法考试改革前,司法行政系统使用的是"组织实施国家司法考试"这一名称,改革后更名为"组织实施统一法律职业资格考试",对于这一职能,笔者将统一为"组织实施国家司法(法律职业资格)考试",以涵盖前后两种称谓。

④ 需要特别说明的是,在2018年司法行政机构改革后,法学教育已不再是司法部和省级司法行政机关的主要职能。因此笔者还是将其归入省级司法行政机关的主要职能中。

一步分为三小类:一是不提供服务而仅对法律服务行业进行管理的"法律服务管理",包括律师管理(包含法律援助管理)、公证管理、司法鉴定管理、人民调解管理、基层法律服务管理和仲裁机构登记;二是直接提供服务的"法律服务提供",包括法制(治)宣传、司法协助;三是严格意义上不能算作法律服务的"其他",包括人民陪审员管理、人民监督员管理、法学教育管理和组织实施国家司法(法律职业资格)考试。至于行政立法、行政执法和刑事执行三种分类,笔者基本认可。综上,笔者决定采用司法行政系统的分类方法并作一些细化,同时也与笔者采用的"多重制度逻辑及其相互作用"的分析框架相适应。而后笔者将在这四大类别下结合本书的理论框架具体研究省级司法行政机关的职能及其履行状况。

实践(特殊)明晰后,下一步即为理论(普遍),即笔者提出的省级司法行政机关履职状况成因的理论分析及判断。在本书第三章,笔者将利用前文提到的"多重机制相互作用下的过程"来分析省级司法行政机关履职状况的成因,特别是一些重要现象的成因,并作出判断。笔者认为,自中华人民共和国成立以来,党和国家(执政党)通过行政主导的指示和政治相关事务的安排直接影响了省级司法行政机关部分实际职能的具体内容及履职方式的变迁;机关单位本身也相当活跃,以省级司法行政机关为代表的司法行政系统自身的主观能动性及其与其他相关的国家机关间的互动亦影响了其几乎所有职能的履行状况(实际职能的具体内容及履职方式)[1];而市场与社会情况的变化也会作用于部分职能;省级司法行政机关的履职状况正是三方共同作用的结果。在论述相关履职状况形成与演进的机理后,笔者将对各因素进行进一步归纳,以得出一个相对理论化、具有一定普遍性的学理阐释。

---

[1] 以法院为例,与其他单位的关系会影响一些案件的处理结果,法院也需要处理各方面的关系。参见左卫民:《中国法院院长角色的实证研究》,载《中国法学》2014年第1期,第11页。司法行政机关部分职能的履行也与之类似。

本书第四章将针对前文作出的分析与判断,在描述省级司法行政机关职能调整逻辑的基础上,进一步给出具体职能调整和其他相关改革的策略。为将"为什么"与"怎么办"真正对应起来并增强具体策略的理论性,整个章节依凭"逻辑—策略"的结构,以讨论省级司法行政机关职能调整逻辑为起点,而后以此为指导,结合本书的理论框架,针对既存的现象与问题,提出具体的策略。

第五节 方法与材料

黄仁宇指出:"很多事情的真意义,要多年后静眼冷观才看得明白。"①研究一个当代机关单位,特别是当代中国的机关单位,确实不是一件容易的事。一方面,研究者身处当代,往往受到各种现实因素的干扰,很难全面、客观地把握相关机关单位发展沿革及其动因。另一方面,资料收集困难也是一大障碍,特别是身处一个信息爆炸的网络时代,研究者在能很方便地获取海量相关资料的同时又面临着部分核心资料难以接触和筛选的困境。诚如迈斯纳所言:"对于一个试图研究中华人民共和国史的人来说,他既苦于资料过多又苦于缺乏资料。"②

就本书而言,资料的收集与使用无疑是一大难点。由于本书主要是对省级司法行政机关的实际职能履行状况进行考察,因此,了解单个机关单位的具体情况便是必不可少的。然而我国有32个省级司法行政机关(不含港澳台),笔者显然不可能对其进行一一细致考察,只能选择某些具有代表性的单位加以观察。幸运的是,我国各地不同层级的司法行政机关的职能虽然存在一定的差异,但由于都是政府组成

---

① 〔美〕黄仁宇:《放宽历史的视界》,生活·读书·新知三联书店2001年版,第213页。
② 〔美〕莫里斯·迈斯纳:《毛泽东的中国及后毛泽东的中国》(上册),杜蒲、李玉玲译,四川人民出版社1989年版,第2页。

部门,都受司法部的领导,都按照统一规定进行构建和运作,都履行法定职能,所以同一层级的各地司法行政机关的差异并不大。在这一背景下,考虑到地方发展水平、机构齐全度等影响样本代表性和典型性的因素,笔者选择了 A 省司法厅作为本书的主要实证考察对象。在本书写作开始之前,笔者已走访了 A 省司法厅,获得了部分一手资料,这些将成为笔者研究的重要依据。

需要指出的是,由于省级司法行政机关监狱管理和强制戒毒管理职能的特殊性,本书不论述这两项职能。

在研究方法上,笔者将采用法学、历史学、政治学和社会学研究方法及跨学科的研究方法进行研究和分析。具体而言:

首先,实证研究法。在诸多法学研究方法中,实证研究作为以数据为中心的法学研究方法,在现象描述、原因分析等方面有一定的优势。在本书中,笔者将通过量化描述的方式直观地展现司法行政机关的职能履行状况,具体而言,笔者不仅会描述司法行政职能的法律规定,还会描述 A 省司法厅事实上如何履行该职能。需要指出的是,本书所采用的数据,基本是省级司法行政机关或笔者自行统计的"小数据",虽然在一些方面不如"大数据",但用于描述本书的副指标、引出本书的主指标已然足够。

其次,系统分析法。从系统的立场出发进行整体研究是笔者所倚重的方法之一。如上文所述,本书的分析工具是"多重机制相互作用下的过程",因此将省级司法行政机关履职状况的变迁放置在我国政治、社会、经济变化的大背景下,观察党和国家、机关单位以及市场与社会三种因素之间的互动关系。

最后,多学科研究法。诚如费孝通所言:"当前的中国正在变迁的中程,部分的和片面的观察都不易得到应有的分寸。"[①]省级司法行政

---

① 费孝通:《乡土中国 生育制度 乡土重建》,商务印书馆 2011 年版,第 339 页。

机关有何职能、如何履行、如何理解其履职状况,非单纯的法学问题,政治学、社会学问题也贯穿始终。因而研究这一问题势必需要多学科的背景知识,也需要多种社科研究方法。在本书的论述中,笔者试图以社会科学的宏观研究视角,立足于法学、历史学、政治学、社会学、管理学等多学科知识,来回答本书开篇所提出的问题。

第一章　省级司法行政机关职能的基础与沿革

本书的主要研究对象是我国省级司法行政机关的履职状况，通过实践考察审视省级司法行政机关履职状况形成与变迁背后的动因，为未来省级司法行政机关的职能调整和相关改革建言是本书的主题。正所谓"回望过去、立足当下、放眼未来"，在正式开始这一主题之前，有必要进行一些前置性的阐释，以方便后文的论述。笔者认为应当叙述的内容有二：一是司法行政的基础理论，包括司法、司法行政、司法行政权、司法行政机关以及司法行政机关的职能。长期以来，我国学术界和实务界多在混用这些概念，未完全厘清其中的差异。在考察司法行政机关的职权配置比较和履职状况之前，有必要对这些术语重新进行梳理，以免后文论述出现逻辑上的混乱，特别是在笔者以司法行政机关的职能作为贯穿全文的主线的情况下，详细清晰的解释尤为重要。二是顺着历史的轨迹，勾勒出我国司法行政制度变迁的历史脉络。正如上文所述，只有了解"从哪里来"，才能明确"到哪里去"，对我国省级司法行政机关职能的谱系进行梳理也是后文进行实证研究的必要前提。值得一提的是，由于中华人民共和国成立后对科层制的强调，司法部与省级司法行政机关的内设机构和职能基本是对应的，因此笔者将司法部与省级司法行政机关的职能结合起来阐述。

第一节 司法行政的基础理论

一、司法与司法行政

首先是司法。应当注意的是,我国古代虽有"司法"一词,但其内涵和外延与当今有很大区别,其仅表示国家法律活动和法律职务。有学者指出,我国古代司法的特点有三:指代地方低级别法律官员,所司之"法"只是刑法,属于行政序列而非审判序列。因而我国古代并没有与立法、行政相对应的司法概念。[①] 而近现代意义上的司法概念,即一个国家"惩罚犯罪或裁决私人讼争"[②]的权力,直到清末立宪时期才为我国官方所接纳,并成为一个常用法律术语。民国时期承袭了清末的司法概念,不仅在《中华民国临时约法》等文件中多次使用,还设立了司法院这一国家最高司法机关。中华人民共和国成立后,随着司法行政机关与审判机关的分立,司法也渐渐开始"去行政化"。我国1982年《宪法》中使用了"司法"一词,虽是指行政职权之一的司法行政,但也表明"司法"一词已在很大程度上脱离了行政的概念,与古代中国有着明显的区别。不过需要指出的是,当前我国官方所使用的"司法"并非完全是民国时期使用的"司法"概念,因为现实中司法的范畴依然不是特别清晰。就"司法机关"而言,各地官方文件中有三种范畴:"公检法司""公检法"和"检法",其中第三种是实践中最常见的表述。《现代汉语词典》中,"司法"一词是指"公安机关、人民检察院

[①] 参见周永坤:《中国司法概念史研究》,载《法治研究》2011年第4期,第67—69页。
[②] 〔法〕孟德斯鸠:《论法的精神》(上册),张雁深译,商务印书馆1959年版,第185页。

和人民法院按照诉讼程序应用法律规范处理案件"①。事实上,当前学术界在使用"司法"这一概念时开始越来越多地将"检察"排除在外,令其仅指法院的审判活动。② 不过仍有部分学者支持"公检法司"的分类法,将公安机关和司法行政机关的活动也归入司法活动中。③ 笔者认为,不论各地方政府和机关如何划分司法的范畴,至少"司法机关行使审判权和检察权"的表述在我国是基本成立的,这一点在中国共产党第十五次全国代表大会时期就已明确。如此,笔者更倾向于"司法是指拥有司法权的国家机关按照诉讼程序应用法律规范处理案件的活动"④这一定义。至于是否应将检察活动排除出司法的范畴,则不是本书讨论的重点,不再赘述。

其次是司法行政。由于当今世界主要法治发达国家的司法制度和司法行政制度与我国存在很大差异,因此笔者在此仅讨论我国司法行政的含义。如上文所述,我国古代司法属于行政序列,那么司法行政自然也是行政事务。到了近代,随着司法与行政分立,如何界定司法行政便成为一个讨论点。对此,民国时期采取了形式上合二为一的方式,即不单设现代意义上的司法部,将审判权与司法行政放在同一序列下,在一定程度上回避了争论。中华人民共和国成立后,随着司法部的设立,这一问题再次浮出水面。对于司法行政的内涵和外延,学术界至今还未达成共识。有学者依字面意思进行阐释,认为:"顾名思义,司法行政是有关司法的行政活动。"⑤也有学者从理论研究的角度详细阐释司法行政,认为,"所谓的司法行政通常是指与司法有关的,以司法管理活动为核心,以司法保障和法治服务为主旨,为司

---

① 中国社会科学院语言研究所词典编纂室编:《现代汉语词典》(第7版),商务印书馆2016年版,第1234页。
② 参见于浩:《当代中国司法改革的话语、实践及其反思——以"司法"定义切入》,载《山东社会科学》2015年第10期,第122页。
③ 参见王圣诵、王成儒:《中国司法制度研究》,人民出版社2006年版,第4页。
④ 曾庆敏主编:《法学大辞典》,上海辞书出版社1998年版,第327页。
⑤ 王圣诵、王成儒:《中国司法制度研究》,人民出版社2006年版,第41页。

法活动的正常运行提供保障和支持,为政府和社会提供法治服务活动"①。笔者认为,对于司法行政,应当动态地看,特别是在中国司法行政制度实际样态相对多变的情况下,研究司法行政更应当注重实践环境。从这一角度出发,对当前我国司法行政的内涵和外延可以作两方面的理解:

第一,我国司法行政实质上是行政事务。有学者指出:"司法行政是指司法中的行政或与司法有关的行政。"②先不论这种表述是否准确,但至少司法行政是行政事务,笔者是赞同的。在1982年《宪法》中明确将司法行政归入政府职能的范畴。换言之,目前我国官方所称的司法行政是指行政事务,这一点是毋庸置疑的。

第二,我国司法行政的范畴是模糊的。如上文所述,从理论上讲最狭义的司法行政仅指与司法有直接关联的行政活动。然而在我国实务机关看来,司法行政显然有更广泛的含义:自中华人民共和国成立初期起,司法行政的范畴就在不断发展变化,不仅相关国家机关间的行政活动在进行调整,新的事务也不断出现,如此一来司法行政的范畴就是动态的。

总而言之,笔者认为当前我国的司法行政是纯粹的行政事务,其在很大程度上不只是法院内部行政事务的指代,而是具有综合性、服务性、广泛性、管理性的一系列与法律有关的行政活动的统称。

二、司法行政权与司法行政机关

除最基础的司法与司法行政外,笔者认为,在当今司法行政的基

---

① 刘武俊:《司法行政基本概念新论》,载《中国司法》2007年第12期,第24页。
② 董开军:《构建和谐社会视野下司法行政的几个问题》,载《中国司法》2005年第10期,第15页。

础理论中，与司法行政机关职能直接相关的当属司法行政权。如此，在正式开始实践描述之前，笔者还将探讨我国司法行政权和司法行政机关的相关理论。

客观地讲，当今我国司法实践和行政实践中很少出现司法行政权这一表述，它在很大程度上是学术界特有的称呼。具体而言，司法行政权是指权利主体参与司法行政关系、依法享有的具体权能。① 它与司法行政密不可分，是司法行政的核心内容之一。不过，笔者认为，单纯讨论司法行政权的概念并没有特殊意义；相反，司法行政权的范畴及其衍生问题具有较高的研究价值。与司法行政一样，当前我国学术界对司法行政权的范畴尚未达成共识，概括起来有两种理解：一种是狭义的司法行政权：司法行政权仅包括辅助司法审判权的行政权力，即法院的司法行政事务管理权。② 另一种是广义的司法行政权：司法行政权的范畴不仅包括法院的司法行政事务管理权，还包括与国家政法机关依法处理法律事件和违法行为紧密相关的行政事务和法律事务的管理、执行权（如检察权、法院生效判决执行权、行政执法权、法律服务行业管理权等）。③ 对此，笔者认为，就我国《宪法》关于政府管理司法行政的规定而言，我国司法行政权的范畴一定不是狭义的——所谓的法院司法行政事务由司法机关自行管理。但也并不能据此认为我国司法行政权的范畴是广义的——我国检察机关并非行政机关序列，检察权是司法权。我国司法行政权的范畴实质上是介于狭义与广义之间的，同时具备管理性、服务性和执行性，是实践中一系列与法律相关的行政权的统称。在我国政法理论体系语境下，司法行政权的范畴还应包括司法机关的司法行政事务管理权、法院生效判决执行权

---

① 参见孙业群：《司法行政权的历史、现实与未来》，法律出版社2004年版，第162页。
② 参见张建伟：《刑事司法体制原理》，中国人民公安大学出版社2002年版，第14页。
③ 参见中国百科大辞典编委会编：《中国百科大辞典》，华夏出版社1990年版，第194页。

和政府法制部门的职权等行政权力。不过,值得一提的是,我国司法行政权与司法管理权并非对等关系或包含关系,依照当前学术界的理解,司法管理权是指对司法机关"人、财、案"三者的管理,包括司法机关人事、财务、案件质量评价体系等方面的管理①,涉及对司法机关司法活动的管理。而在我国和绝大多数域外国家的语境下,司法行政权中的司法机关的司法行政事务的管理不涉及对司法活动的管理评价,对司法活动仅有保障、辅助作用。换句话讲,所谓的司法行政权多指司法机关人事、物资、财政管理权,但一定不包括司法机关的案件评价、管理权;司法行政权和司法管理权实为交叉关系。

既然我国司法行政权的范围较为广泛,那么必然涉及职权如何配置的问题。这一问题更进一步即是何为司法行政机关。从理论上讲,司法行政权既可集中配置给一个国家机关,形成超级司法行政机关,也可分散配置给多个国家机关。前者多基于资源集中配置的理念,后者多基于专业化和职权平衡的考量——从根本上来说都是国家治理体系中的资源优化配置。但无论怎么配置,从职权的角度讲,既然拥有了司法行政权(不论是部分还是全部),那么该国家机关本身就可以算作司法行政机关,即所谓司法行政机关应是依法拥有和行使司法行政权的国家机关。② 从这个意义上讲,一个国家表面上只有一个使用司法行政机关名号的行政系统和职能部门,实际上可能拥有多个同时行使司法行政权的国家机关,即多个实质上的司法行政机关。

不过,虽然我国司法行政权长期分散在多个国家机关,但相关国家机关并没有在意这一点,使用司法行政机关名号的也始终只有一个行政系统,我国学术界和实务界在使用司法行政机关这一名词时也默认它是指司法部、司法厅和司法局。因此,从规范上讲,对我国司法行

---

① 参见施鹏鹏:《司法管理与审判权的公正运行》,载《法律适用》2016年第6期,第16页。

② 参见范愉主编:《司法制度概论》,中国人民大学出版社2003年版,第278页。

政机关应当作狭义理解,即一个行使部分司法行政权、管理部分政府事务和执行部分法律事务①的特定国家行政机关——司法部、司法厅和司法局。如此,本书所称的司法行政机关均建立在这一理论基础上,特指司法部、司法厅和司法局。但对于司法、司法行政和司法行政权,笔者仍然保留前文的一系列论述和观点。

三、司法行政机关的职能

本书的研究对象是当代中国省级司法行政机关的履职状况,那么本书的主线自然就是司法行政机关的职能。在正式展开论述之前,有必要对全文的主线进行交代,更何况这一主线在学理上尚不甚明朗。所谓"职能",是指人、事物、机构所应有的作用,在社会学意义上,亦被称为功能。司法行政机关的职能,自然是指司法行政机关在国家治理中的功能。从表面上看,此种定义虽然简单明了,但如上文所述,无论是司法还是司法行政,在世界范围内皆非统一、普适的概念,不同国家和地区所构建的司法行政制度天然地存在不同,就连同一国家(地区)不同时间段对司法行政的理解也存在一定的差异。如此,笔者认为,要准确完整地定义司法行政机关的职能是相当困难的。不过,若从相对宏观的层面理解司法行政机关的职能,亦非不可能之事。

总的来看,虽然世界各国对司法行政的理解不一,其司法行政制度的构建也各有特色,但无一例外的是,主要域外法治发达国家均将司法行政机关(部分)定位为行政机关,承担政府法律事务部门的职责。如此,域外法治发达国家司法行政机关的主要职能均包含:法院(司法机关)行政事务管理权,法院生效判决执行权(刑罚执

---

① 有学者指出:"我国司法行政机关权力长期具体表现为管理权或执法权。"孙业群:《论司法行政权(上)》,载《中国司法》2005年第10期,第38页。

行与民事执行),检察机关领导权,政府法律顾问和立法权,对外移民、出入境管理和司法协助权,法律服务行业管理权,法律服务提供权,国家司法(法律职业资格)考试组织实施权(大陆法系)或律师资格考试指导管理权(英美法系)等。这些职能在不同国家和地区虽有不同表现形式,但实质内容仍有较高相似度。不过正如上文所述,域外法治发达国家对司法行政的理解各式各样,如在以德国、法国为代表的传统模式中,司法行政主要是指对法院(司法机关)行政事务的管理。① 而在以美国为代表的大司法行政模式中,司法行政不仅包含对法院(司法机关)行政事务的管理,还包括侦查、检察、法院生效判决执行等一系列事务②;再加上其他政治、社会、文化因素,各国最终对司法行政机关总的定位皆有不同,其职能也因此呈纷繁复杂的态势,对于这些内容,笔者将在后文横向比较部分予以详细论述。

自清末司法行政制度在我国落地生根以来,我国司法行政机关的职能便一直处于变化状态。中华人民共和国成立后,司法行政机关的职能也分别于 1982 年、1983 年和 2018 年进行过大的调整,其并非一个固定的范畴,且其发展变迁在表面上具有不可预测性,但无一例外的是,我国司法行政机关的职能总会与其定位相适应:就如在中华人民共和国成立初期,我国将司法行政机关定位为司法保障机关之时,司法行政机关以司法机关司法行政事务管理为首要职能,其余职能多围绕该职能运行(如当时的律师制度是为保障法院更好地行使审判职能)。而在 1983 年后,司法行政机关失去了部分司法保障的职能定位,取而代之的是,其被作为刑罚执行机关和法律服务(管理)机关。在这一背景下,司法行政机关在失去司法机关行政事务管理职能的同时,吸收了刑罚执行类和法律服务行业管理

---

① 参见殷明胜:《德法两国的司法行政体制》,载《中国司法》2005 年第 2 期,第 93 页。
② 参见宝成:《中美司法行政制度比较》,载《中国集体经济》2010 年第Ⅸ期,第 113 页。

类职能，最终形成了一个"混合"式的职能配置模式。如此一来，可以预测的是，在司法行政机关的定位不发生大的变化的情况下，其大多数职能必然会得到保留；相反，若司法行政机关的职能定位发生重大变化，以后要调整的便不只是职能本身。幸运的是，就目前的情形而言，2018年司法行政机构改革全盘保留省级司法行政机关和与之组合的政府法制办公室一贯的定位，既有职能皆未丢失。如此一来，可以预见，在未来相当长的一段时间内，省级司法行政机关的既有职能都会继续存在，这就为本书的省级司法行政机关职能调整前瞻提供了前提条件。

第二节　省级司法行政机关职能的演变及其当下的样貌

早在土地革命时期，中国共产党就在中央苏区建立了司法行政制度。到了中华人民共和国成立后，随着《中央人民政府组织法》的出台，我国正式开始建立全国性的司法行政系统。在1950年的第一届全国司法工作会议上，司法部部长史良指出，当前司法行政工作的主要任务是：建立健全各地司法机关，培训、训练与调配干部，督导各地对犯人的管制和改造工作，进行国民法制（治）宣传教育，建立与推行新的律师和公证工作，监督检查各地司法机关司法行政工作，以及其他司法行政事宜。在创设后不久，全国司法行政机关迎来了第一轮职能调整：1950年11月，依据党和国家的指示，原先由司法部和省级司法行政机关管理的监狱、看守所和劳动改造队被移交给公安机关，至此省级司法行政机关失去了监狱管理职能，直到三十余年后。1951年9月，《人民法院暂行组织条例》公布，其第10条规定，下级法院的司法行政工作由上级司法行政机关领导。审判系统与司法行政系统在职能履行上的关系初步明确。不久后，《最高人民检察署暂行组织条例》公布,其规定最高人民检察署内部设人事处,掌管全国各级检察署干部及编制问题。这标志着全国司法行政机关失去了检察机关的人事管理权,也是司法行政系统与检察系统"脱钩"的开始。1954 年,《人民法院组织法》颁布,其第 14 条第 3 款规定:"各级人民法院的司法行政工作由司法行政机构管理。"再次重申了 1951 年《人民法院暂行组织条例》订立的规则;同时第 34 条第 2 款规定,"地方各级人民法院助理审判员由上一级司法行政机关任免"。如此一来,我国省级司法行政机关的职能定位和职权配置基本定型,其主要职能包括:法院司法行政工作管理,律师管理,公证管理,法制(治)宣传、法学教育管理和法令编纂。这一职权配置一直持续到 1982 年。

客观地讲,和民国时期相比,这一时期我国省级司法行政机关虽与同级司法机关的关系还算密切,但仅限于与法院关系密切。虽然检察机关也是司法机关,但在人事管理权被检察系统收回后,省级司法行政机关便少与同级检察机关有交集,各项工作也多以法院为对象,其中最明显的表现莫过于 A 省司法厅在设立法院(审判)管理部门时并未设立对应的检察管理部门,其职能履行也未涉及检察机关。然而,就算是管理法院司法行政工作,省级司法行政机关能参与的也只有法院思想建设并决定下级法院的内部机构和人员配置,对于法院的审判活动、日常运行规则以及预算决算则无权参与。这与民国时期省级司法行政机关管理检察机关内部行政事务、决定同级法院运行规则、任免惩戒司法人员且管理监狱事务的情况相比,中华人民共和国成立初期司法行政机关的职权确实"弱"了不少。不过,律师、公证、司法统计、法制(治)宣传和法令编纂等与司法有间接关系的综合性法律事务依然由省级司法行政机关管理。这说明无论是民国时期还是中华人民共和国成立初期,对司法行政这一概念的认识在一定程度上是一致的——这也是当代不少法治发达国家在司法行政方面"达成的共识",也部分印证了司法行政是

"有关司法的行政活动"①这一论断。

虽然在20世纪50年代我国司法行政机关的职权配置基本得以明晰，但我国司法行政机关的建设活动却在不久后陷入停滞，并在"死寂"中跨越了多个历史时期，直到二十余年后才得以恢复。1979年6月，中央政法领导小组向党中央报送了《关于恢复司法部机构的建议》，当年7月通过的新《人民法院组织法》第17条第3款也规定："各级人民法院的司法行政工作，由司法行政机关管理。"9月，全国人大常委会作出了恢复司法部的决议，由此，司法部终于"重见天日"，第二年（1980年）元旦，重建完毕的司法部正式对外办公。

随着司法部的恢复重建，整个司法行政系统也得以复原，省级司法行政机关的主要职能也依照《人民法院组织法》恢复到20世纪50年代的水准，即法院司法行政事务管理、律师管理、公证管理、法制（治）宣传、法学教育管理、司法统计和法令编纂，这一时期的司法行政机关亦再一次被彭真比喻为政法机关的"组织部、宣传部、教育部和后勤部"②。如此一来，撤销与恢复重建形成的断代影响便被降到了最低，20世纪50年代的省级司法行政机关与恢复重建的省级司法行政机关在职能定位和职权配置方面基本做到了"无缝衔接"。而在衔接完成后，为适应新的政治、市场和社会环境，包括省级司法行政机关在内的整个系统的职能调整很快被提上了日程。

1980年下半年，司法部向国务院报送了《关于全国司法行政工作座谈会的报告》，对重建后司法行政系统的职能进行了细化，包括了解并掌握司法干部的思想情况，针对普遍存在的问题，进行思想政治工作，以保证司法机关认真按照法律办事，完成党和国家交给的任务；管理法院的机构设置、人员编制、物质装备和司法统计；协同法院建立与

---

① 程维荣编著：《当代中国司法行政制度》，学林出版社2004年版，第1页。
② 参见张福森：《我国司法行政制度的发展与完善》，载《法学家》2005年第3期，第2页。

健全各项审判制度,当前要特别注意以公开审判为重点的各项审判制度的贯彻落实;按照党中央的规定管理司法干部;建设各种政法院校大力培养法律专业人才;组织管理公证、律师工作;组织开展法制宣传工作,组织出版法律书刊;研究整理和编纂法规,协同科学研究单位,开展法律科学研究;领导人民调解委员会和基层政权司法助理员的工作;开展司法外事活动,发展国际友好往来,交流法学知识和司法经验。这也意味着重建后的包括省级司法行政机关在内的司法行政系统依然以法院司法行政事务管理为核心,其他综合性法律事务为辅。不过司法部《关于全国司法行政工作座谈会的报告》在一些细节上与20世纪50年代的规定还是有所不同的,如健全了基层司法助理员制度。虽然1978年第八次全国司法工作会议就提出在人民公社设立司法助理员,但随着改革开放后人民公社制度消亡,司法助理员的任务突然模糊起来;而此时司法部提出司法行政系统领导基层司法助理员工作,不仅是扩充自身职能,也是对这一制度的完善——这便是基层司法所和法律服务所的起点。由此,恢复重建后省级司法行政机关的职能基本明确。

在1980年至1981年间,省级司法行政机关的职能不仅恢复了被撤销前的职能,还在一定程度上扩充了职能的内涵和外延;然而仅一年后包括省级司法行政机关在内的整个司法行政系统便迎来了职能密集调整期,其定位和中心任务也随之改变。1982年5月,司法部向中央报送《关于司法部的任务和工作机构改革的请示报告》,建议法院行政工作交由法院自行管理,法律法规汇编工作则交由国务院办公厅法制局(国务院法制办公室的前身)承担。各级司法行政机关法律编纂职能由此丧失。6月,司法部和最高人民法院联合发布《关于司法厅(局)主管的部分任务移交给高级人民法院主管的通知》规定,司法部主管的审批地方各级人民法院、各类专门人民法院的设置、变更、撤销,拟定人民法院的办公机构、人员编制,协同法院建立各项审判制度，任免助理审判员以及管理人民法院的物资装备（如囚车、枪支、司法人员服装等）、司法业务费等有关司法行政工作事项，移交最高人民法院管理。司法厅（局）主管的审批人民法庭的设置、变更、撤销和报批人民法院的设置、办公机构、人员编制、任免助理审判员以及管理人民法院的物资装备（如囚车、枪支、司法人员服装等）、司法业务费等有关司法行政工作事项，移交高级人民法院管理。这次职能调整对司法行政系统的影响是深远的，中华人民共和国成立初期司法行政系统法院司法行政事务管理这一代表性的核心职能由此丧失，各级司法行政机关的职能定位、职能间的关系也由此被打乱。事实上，司法行政系统之所以如此"自废武功"，是由于改革开放后各级司法行政机关在法院司法行政事务管理方面未像中华人民共和国成立初期与法院完全就细节问题达成一致以及新干部经验不足等因素，不少地方司法行政机关在法院司法行政事务管理方面出现了不少问题，引起法院系统的不满，"法院的司法行政工作不仅没有得到加强，反而受到许多限制，出现了许多掣肘的现象，法院建设受到削弱，工作受到了影响。对此，各地反应非常强烈"①。同样，彼时法律编纂职能的履行亦遇到了相似问题。在这种情况下，时任司法部长刘复之提出，"在机构改革和体制改革中，处理好上下左右的关系，增强内部和左邻右舍的团结"，"凡是扯皮的事情都移交主管部门去办……进一步搞好机构改革、精简编制以及某些体制改革"。② 随后，司法部作出决定：司法行政系统不再管理法院的机构设置、编制、审判制度、司法统计、装备等工作，移交法院系统自行管理。幸运的是，在丧失了核心职能后，部分职能也回归司法行政系统，为平衡公检司法间的职权配置并适当限制公安机关的权力，1983年，依据《国务院关于将公安部

---

① 胡健华、李汉成：《谈法院司法行政工作的自行管理——法院改革探讨之五》，载《人民司法》1992年第12期，第33页。
② 刘复之：《刘复之回忆录》，中央文献出版社2010年版，第336页。

劳改局、劳教局及其编制划归司法部的通知》，公安机关的监狱管理、劳教管理职能被划归司法部和省级司法行政机关，这一自1950年即被从司法行政机关划走的职能在33年后又回归了司法行政系统。

在此之后，我国省级司法行政机关的职能框架确定下来，但对其职能具体内容的调整却在继续：一方面，随着最高人民法院直属的国家法官学院和最高人民检察院直属的国家检察官学院及其地方分院的成立，司法部和省级司法行政机关法学教育中司法干部培训的职能大受影响。随后，1999年司法部直属、省级司法行政机关代管的五所政法院校被划归教育部和有关省市管理，2000年中央和地方政法干部管理学院撤销建制并入普通高等学校。自此司法部和省级司法行政机关法学教育管理职能大部分丧失。另一方面，随着20世纪80、90年代司法鉴定行业的市场化、基层法律服务行业等新兴领域的出现，这些事务皆被作为法律服务管理类职能的衍生品划给了各级司法行政机关，司法行政系统的职能在这一时期得以迅速扩张。到了1994年，为贯彻落实法律服务行业协会成立后司法行政机关管理与行业自治"两结合"的制度，依据《国务院办公厅关于印发司法部职能配置、内设机构和人员编制方案的通知》（以下简称"司法部'三定方案'"），律师和公证员资格考试前期准备工作被划归有关事业单位；1998年，《国务院办公厅关于印发司法部职能设置、内设机构和人员编制规定的通知》出台，司法部的律师、公证管理职能中的律师资格考试的具体工作和律师的专业培训、奖励及对外宣传等职能划给中华全国律师协会；公证员资格考试的具体工作和公证员专业培训、奖励及公证宣传等职能划给中国公证员协会。[1] 不过在2001年《法官法》和《检察官法》修正实施后，律师资格考试被国家司法考试取代，中华

---

[1] 参见张迎涛：《司法部"三定"规定沿革综述》，载《中国司法》2013年第9期，第21页。

全国律师协会自然无权再组织带有选拔国家工作人员性质的考试；同年，中央通过了《关于司法部设立国家司法考试司的批复》，将国家司法考试组织实施的职责重新赋予司法行政机关。

2005年5月1日，《全国人民代表大会常务委员会关于完善人民陪审员制度的决定》施行，各级司法行政机关被正式赋予人民陪审员管理的职权；2008年，依据《国务院办公厅关于印发司法部主要职责内设机构和人员编制规定的通知》，新的刑罚执行措施——社区矫正工作的职能被赋予各级司法行政机关，其本质上是监狱管理的衍生职能。2016年，司法部会同最高人民检察院出台了《人民监督员选任管理办法》，司法行政系统最终获得了人民监督员管理的职权，这也是2018年司法行政机构改革前司法行政系统职能的最终调整。

由此可见，在改革开放后至2018年司法行政机构改革前这段时间内，司法行政系统的职能经过了几轮调整，计有6次职能划出以及3次职能划入，均涉及省级司法行政机关。最终，目前省级司法行政机关的主要职能定格为：①监狱管理；②强制戒毒管理；③社区矫正；④法制(治)宣传；⑤律师管理(包含法律援助管理)；⑥公证管理；⑦人民调解管理；⑧基层法律服务管理；⑨组织实施国家司法(法律职业资格)考试；⑩司法鉴定登记管理；⑪仲裁机构登记；⑫人民陪审员管理；⑬人民监督员管理；⑭法学教育管理；⑮司法协助(参见表1.1)。

表 1.1　2017 年 A 省司法厅内设业务机构职能表

机构名称	法制宣传处	律师公证工作处	基层工作处	法制处	国家司法考试处	司法鉴定管理处	监狱与戒毒工作处	社区矫正管理处
职能	法制(治)宣传工作	律师管理(包含法律援助管理)、公证管理、基层法律服务管理	人民调解管理、人民陪审员管理、人民监督员管理	仲裁机构登记、本单位行政审批、本单位调研复议应诉等工作	组织实施全省国家司法考试、参与指导法学(函授)教育、指导 A 省司法警官职业学院的教学管理	司法鉴定管理	部分监狱管理和强制戒毒管理工作(监狱和强制戒毒相关信访等工作)	社区矫正

客观地讲,进入 21 世纪后,尽管司法行政系统仍不时出台"三定"方案、其他机关单位亦在制定相关法律规范,但从整体上看,省级司法行政机关的职权配置已较 20 世纪 80、90 年代稳定了不少,其最广为人知的监狱管理、组织实施国家司法考试、法制(治)宣传、律师管理、公证管理等主要职能在这一时期皆"相当稳定"。事实上,在实务界看来,2000 年(左右)至 2018 年可谓是司法行政系统的平稳发展期。不过,在平稳发展近二十年后,司法行政系统终究还是迎来了机构与职能的重大调整——在 2018 年司法行政机构改革(省级司法行政机关的改革始于 2019 年)中,新成立的全面依法治国(省、市、县)委员会办公室设在司法行政机关(由司法行政机关一把手任办公室主任或第一副主任),原司法行政机关也与原政府法制办公室合并为新的司法行政机关。在这一过程中,原省级司法行政机关法制宣传处转型为全面依法治国委员会办公室秘书处,其原有的职能(仲裁机构登记等)由司法行政机关其他部门接收。但鉴于全面依法治国委员会办公室并非政府机关,更非司法行政机关的内设机构,因此这次改革中省级司法行政机关职能的变化集中体现为原省级司法行政机关与原同级政

府法制办公室职能的集合：如表1.2和表1.3所示，改革后的省级司法行政机关基本承袭了原政府法制办公室与原司法行政机关一贯的机构与职权配置，仅对部分机构进行了合并（多在原机关的框架下进行合并），职能未有融合（考虑到机构改革前的资料收集整理等因素，笔者在前后文中将法律援助管理计入律师管理中，此处的单列为特例）。如是，虽然此次改革可能对省级司法行政机关有很大的影响，但仅从职权配置框架的角度讲，其现有职能即为上述"老司法行政机关"主要职能与政府法制办公室主要职能之和。但即便如此，对于改革后省级司法行政机关的职能，司法行政系统还是提出了新的分类方法（参见表1.4），这也意味着与改革前的省级司法行政机关相比，改革后的省级司法行政机关的角色定位明显不同了。

表1.2 2019年A省司法厅内设业务机构职能表
（合并自原省政府法制办公室的部分）

机构名称	法治调研处（原政策法制研究处）	法治督察处（原依法行政指导处）	立法一处（原政法文教法制处）	立法二处（原工交财贸法制处）	行政复议与应诉局（原行政复议应诉一处、二处）	行政执法协调监督局（原行政执法监督处）	合法性审查处（原合法性审查处）
职能	政府法律理论与实践研究、编制省政府立法计划等	承担省政府依法行政工作领导小组办公室日常事务，指导全省政府部门依法行政	政法文教类行政立法及立法后的解释评估	工交财贸类行政立法及立法后的解释评估	办理省政府与本单位行政复议与应诉案件	指导监督行政执法工作	地方性法规规章的备案审查

表1.3 2019年A省司法厅内设业务机构职能表(合并自原司法厅的部分)

机构名称	普法与依法治理处(原法制宣传处)	律师工作处(原律师公证工作处拆分)	公共法律服务管理处(原律师公证工作处拆分、原司法鉴定管理处、原法制处拆分)	人民参与和促进法治处(原基层工作处)	法律职业资格管理处(原国家司法考试处)	监狱与戒毒工作指导处(原监狱与戒毒工作处)	社区矫正管理局(原社区矫正管理处)
职能	法制(治)宣传	律师管理、基层法律服务管理	公证管理、司法鉴定管理、法律援助管理和仲裁机构登记	人民调解管理、人民陪审员管理、人民监督员管理	组织实施全省法律职业资格考试,参与指导A省司法警官职业学院的教学管理和法律职业教育工作	部分监狱管理和强制戒毒管理(监狱和强制戒毒相关信访等工作)	社区矫正

表1.4 2019年A省司法厅职能分类表

类别	职能
行政立法	行政立法
行政执法	依法行政指导、行政执法监督、合法性审查、行政复议与行政应诉、强制戒毒管理
刑事执行	监狱管理、社区矫正
公共法律服务	法制(治)宣传、律师管理、公证管理、司法鉴定管理、基层法律服务管理、人民调解管理、法律援助管理、仲裁机构登记、人民陪审员管理、人民监督员管理、组织实施国家司法(法律职业资格)考试、法学教育管理

第二章　省级司法行政机关履职的实证图景

通过上文的谱系梳理和比较,横向比较与纵向比较的内容已基本清晰,为后文实证研究所做的铺垫也已完成——省级司法行政机关履职状况的前置条件已经具备。然而在正式开始考察之前,仍有必要对时空问题进行交代:虽然"当代"通常指1949年至今,但本书所称的"当代"与之不同,因此有必要对本书中"当代"指代的时间段进行说明。首先是时间段的终点,就本书的主要写作目的而言,对省级司法行政机关履职状况进行实证考察的目的是对其职能调整进行前瞻,因此时间段的终点是2019年——特别是2018年年底2019年年初,省级司法行政系统机构改革进入了密集实施阶段,如此重大的事项错过实属可惜。然而受制于实务机关数据统计和资料整理的后期性,开展调研的时间也是"当前"等一系列客观条件,截至收稿前夕,笔者仍未获得部分职能2019年全年精确翔实的数据,这样便给研究2019年这一时间段的履职情况造成了一定的障碍。如是,对于2019年的一部分数据,笔者采用了参考往年数据对实时数据和趋势进一步推算等方式予以处理,其准确度虽不如2019年以前的数据,但也能说明问题。其次是时间段的起点,在起点的选择方面,笔者将实证研究的起点设定为A省司法厅恢复重建之时(1980年):一方面,虽然省级司法行政机关在1980年后历经了多次职能调整,但在1983年后,其职权配置已稳定下来,后续已无断层,对考察研究相当方便。另一方面,1980年后的时间跨度不偏不倚,既不像以1949年为起点那样"路途遥远",又不像2008年那样距离过近,对当下的改革极具参考价值,其丰富的材料足以满足研究需求。更重要的是,1980年正好也是我国社会急速转型的历史起点,政府、市场与社会的变迁很容易反映在省级司法行政机关履职状况的变迁上(或者说考察省级司法行政机关的履职状况可以实现以小见大,透视我国国家治理的变迁),从而方便后续的"由实践到理论,由特殊到普遍"、发掘我国省级司法行政机关履职状况变迁乃至国家治理变迁规律的研究。如是,本书所称的"当代"即为1980年省级司法行政机关恢复重建至2019年这一时间段。不过需要注意的是,在省级司法行政机关恢复重建后,其职能框架并非"一蹴而就",部分职能是中途加入的(如社区矫正职能、原省政府法制办公室的职能①等),对于这些职能,笔者将以其加入的时间点为起点。同时还需说明的是,考虑到内容分布的问题,笔者将省级司法行政机关履职实践拆分为两个小节分别论述,前一节论述行政立法、行政执法和刑事执行三大类职能的履行实践;后一节论述公共法律服务类职能,由于该类职能多而杂,因此笔者将按本书第一节所述的方法将其进一步细化为三小类(法律服务管理类、法律服务提供类和其他)予以阐释。

---

① 需要特别说明的是,尽管在2018年年底司法行政机构改革前,原省政府法制办公室的各项职能已运行多年,但这些职能彼时并非省级司法行政机关的职能,规范上不能算作A省司法厅的履职实践。因此笔者在考察这些职能的履职状况之时,将会从这些职能实际加入A省司法厅之时起算。

第一节　具体职能内容、履职的业务量、时间分配及工作强度

就本书而言,笔者研究的核心是我国当代省级司法行政机关的履职状况,笔者将从三方面对以A省司法厅为代表的省级司法行政机关的履职状况进行描述:一是职能的具体内容及履职方式;二是业务数量;三是业务人员的有效工作时间与工作强度。

一、职能的具体内容及履职方式

正如笔者在前文中表达的那样,长期以来,学术界对司法行政领域关注度不足,司法行政系统自身也相对封闭,因此无论是学术界还是其他实务机关,对司法行政系统既缺乏足够的理论认知,又缺乏大量实践把握,特别是对省级司法行政机关履职的认识仅停留在表面。如是,笔者要考察省级司法行政机关的履职状况,就必须明确其规范和实践层面职能的具体内容及履职方式。

就职能的具体内容及履职方式而言,传统的研究范式主要会考察两点:其一为法律规定,即相关法律、行政法规、部门规章和其他规范性文件是如何规定的。虽然在过去一段时间内我国政府特别是地方政府的职能框架不是特别规范,但随着依法行政的提出和落实,我国政府履职的框架已日益法定化,现有的规定也成为透视政府行为的起点。如此,作为前置条件,必须梳理相关法律法规。其二为实际操作,即省级司法行政机关在实践中的履职方式。事实上,实际操作与法律法规不一致的情形并不罕见。有学者指出,在很大程度上法律规

则是静态的,但实践问题却是动态的,受各种复杂因素的影响,现实中很容易出现理论与实践、法律条文与现实背离的现象。① 通过发掘这些现象,自然可以明晰实践中存在的种种问题。如此一来,规范与实践之间的差异便成为研究多数单位职能的具体内容和履职方式的重要视点。然而客观地讲,职能的具体内容和履职方式也是一个内涵极广的概念,如此研究模式虽不会凌乱,但却有些粗糙,未能进一步发掘职能的具体内容和履职方式所蕴含的价值。所以,在传统研究范式的基础上,笔者将进一步阐发。如前文所述,在本书的理论框架下,通过考察省级司法行政机关履职状况中的实际职能的具体内容和履职方式,笔者将透视市场与社会、党和国家、机关单位三者的关系——或者说从市场与社会、党和国家、机关单位三者互动的角度出发,审视该职能的履职实践是否合理?是否需要调整?因此,在描述每一项职能的具体内容和履职方式时,笔者将依据该理论框架,从四项指标的角度加以阐释:

第一,省级司法行政机关的履职是否符合既有规则(规范)。如前文所述,规则永远是透视政府行为的起点,应然与实然间的不同通常是判断实践中是否存在问题的绝佳途径。因而笔者描述的重点之一便是省级司法行政机关职能的具体内容和履职方式与规范是否存在差异(是完全符合规范,还是偏离了规范,还是在符合规范的同时有额外的内容),通过描述这些内容及后文的成因分析,笔者将判断省级司法行政机关的履职是否合理,若不合理,则一定需要调整。

第二,省级司法行政机关的履职是否与其他单位存在冲突。此指标直接对应本书理论框架中的机关单位维度,因而成为笔者考察的要点。在这一层面,笔者将着重考察省级司法行政机关履职实践中与其他机关单位职能的关系,双方是有序合作还是存在冲突,若存在冲

---

① 参见左卫民:《法学实证研究的价值与未来发展》,载《法学研究》2013年第6期,第13页。

突,则在很大程度上暗示该职能需要调整。

第三,省级司法行政机关在履职实践中如何处理政治性事务,此指标直接对应本书理论框架中的党和国家维度。如前文所述,在相对中观和微观的职能的具体内容和履职方式层面,党和国家通过两种方式直接影响省级司法行政机关的履职实践:一是直接的指示。不过直接的指示并不固定,且数量很少,因而笔者倾向于结合其他内容描述而不是单独叙述。二是政治性事务的安排。客观地讲,在以A省司法厅为代表的省级司法行政机关的各项职能中,有部分职能涉及政治性事务(即笔者前文所说"有政治内容的存在"),党和国家维度的影响也因此得以体现。如此一来,考察省级司法行政机关相关职能的履职实践中政治性事务或政治内容与非政治性事务或者说技术内容的关系便成为透视党和国家维度的影响因素、判断其是否合理的绝佳视角。

第四,省级司法行政机关如何处理和市场与社会组织的关系,此指标直接对应本书理论框架中的市场与社会维度。客观地讲,对于律师管理、公证管理、司法鉴定管理等公共法律服务类职能下的法律服务管理类职能而言,其直接面对市场与社会,受市场与社会状况的影响较深,在履职实践中必然涉及如何处理和市场与社会组织的关系——这便成为笔者透视市场与社会维度的影响因素。为体现这一内容,笔者依照法律法规的规定和本书"多重制度逻辑及其相互作用"的理论框架,进一步将该类职能的具体内容(业务)分为三类:一是本应由市场与社会自治却被政府管理的事务,站在社会主义市场经济的角度看,此类事务是典型的市场行为与社会行为,本应由市场与社会自治组织自行处理,但在一段时间内却由以司法行政机关为代表的机关单位代行(如设立律师事务所、司法鉴定机构等)。二是既可以由政府管理也可以由市场与社会自治的事务,或者说行政管理和市场与社会自治"模棱两可"的领域。在社会主义市场经济制度下,此类事务既可以是政府行为也可以是市场与社会行为(如制定某些行业业务标准、培训法律服务从业人员、全面落实党对法律服务行业的领导①等)。此类事务也常见于法律服务管理类职能中,其在规范和实践层面既没有明确的归属,也没有明确清晰的解释,因而有的由司法行政机关单独履行,有的由行业协会等市场与社会自治组织单独履行,有的由司法行政机关和市场与社会自治组织共同履行。与此同时,此类事务主要可以分两小类:①与法律服务行业业务管理等相关的事务,或者称技术相关事务;②与全面落实党对法律服务行业的领导等相关的事务,或者称政治相关事务。三是只能由政府管理的事务,此类事务基本是法律法规明确规定只能由司法行政机关处理的,行业协会等自治组织不能涉足,是典型的政府行为,多数有固定的范式和较清晰的内容。在这一分类的基础上,笔者将关注上述三类事务间的变迁,并以此作为判断其是否合理的重要进路。

值得一提的是,在研究机关单位的部分成果中,有学者使用了社会评价这一指标来衡量法院等单位履职的"好坏"。②然而对本书而言,社会评价是一个相当难以落实的指标。客观地讲,社会评价本身就是一个相当复杂的体系,每一项职能的性质不同,其评价标准也会不同,更何况省级司法行政机关的"产品"(履职),本质上并不能像流通商品(服务)那样使用一般公共标准进行评价。因而采用社会评价这一指标的研究成果要么将其粗略换算为上诉率等可视化指标,要么围绕研究对象打造一个极为复杂的体系。而在本书中,上述方法皆不

---

① 需要特别说明的是,全面落实党对法律服务行业的领导等政治相关事务,虽然表面上似乎是只能由司法行政机关履行的事务,但事实上,它来源于党组织的安排,且当前法律服务机构、行业协会也有自己的党组,不少法律服务行业从业者也有党员身份,他们也受自己所在党支部的领导。因此,笔者认为,全面落实党对法律服务行业的领导等政治相关事务由司法行政机关和法律服务行业共同履行,因而算作既可以由政府管理也可以由市场与社会自治的事务。

② 参见艾佳慧:《制度环境、诉讼策略与民事上诉率变迁——理论模型与初步检验》,载《法制与社会发展》2017年第5期,第53页。

现实：其一，省级司法行政机关履职的社会评价不能简单地换算为复议率、行政诉讼（被告）率，且不论省级司法行政机关的不少职能不能被复议、起诉，就算能被复议、起诉，也仅是针对该职能中的某一个或某几个具体行政行为（如对法律服务从业人员的行政处罚），不能代表该职能的全部内容；其二，省级司法行政机关职能众多，不少职能性质差异巨大，若要围绕每一项职能打造极为复杂的评价体系，仅凭笔者一人在相对有限的时间里是不可能完成之事——事实上，作为笔者观察对象的 A 省司法厅自己都没有一套完整可用的社会评价体系。总之，在综合考虑后，笔者决定在本书中仅采用上述四个指标来衡量省级司法行政机关职能的具体内容和履职方式，至于社会评价，将会成为笔者未来十余年里"奋斗"的目标，当然这都是后话。

二、业务数量

在明晰了作为主指标的省级司法行政机关职能的具体内容和履职方式后，对作为辅指标的省级司法行政机关实际工作的研究亦提上了日程。客观地讲，量化省级司法行政机关实际工作特别是行政管理型工作的过程相对复杂，不可能照顾到每一个细节。如此，笔者将采用最直观、最有效的指标——在笔者看来，要准确判断省级司法行政机关的实际工作量（或者说判断省级司法行政机关是否存在工作量大、业务繁重的情形），应关注的一大指标即为省级司法行政机关的业务数量。

如同研究民事诉讼人案矛盾的学者以法官办案数量为重要考察对象一般[1]，若要判断一个实务机关的工作负荷，业务数量是必不可少

---

[1] 参见左卫民：《"诉讼爆炸"的中国应对：基于 W 区法院近三十年审判实践的实证分析》，载《中国法学》2018 年第 4 期，第 238 页。

的指标。然而，准确量化省级司法行政机关的业务数量比量化法院的业务数量难得多。具体而言：其一，作为审判机关的各级法院的业务构成相当单一，即主要是办案。无论是诉讼还是调解，其性质相同，可以很方便地用统一的标准衡量。而省级司法行政机关的业务构成复杂得多，不仅在整体上有三大类职能，在具体层面每个职能的性质都或多或少地存在差异，很难有统一的衡量标准。其二，作为地方法院主要职能的案件办理很容易量化，即地方法院的业务量基本可以视为案件数量，在数据上相当直观。但省级司法行政机关大部分职能却不具备这种条件，特别是具备行政管理性质的职能，其自身的内涵和外延就相当丰富，很难归结到某一具体事务上，整体上不具有直观性。如此，笔者并不能像研究法院、法官业务数量那样用统一的标准衡量省级司法行政机关所有的职能，对于省级司法行政机关业务数量的研究还需要分门别类地讨论。

一方面，就行政立法、合法性审查、行政复议与行政应诉等情况相对明朗的事务而言，笔者认为相对容易量化，如行政复议与行政应诉职能的业务数量大体可以与省级司法行政机关承办的行政复议与行政应诉案件数量挂钩。

另一方面，就公共法律服务类职能下的法律服务管理类职能等行政管理性质较强或依法行政指导、行政执法监督、法学教育管理等情况相对复杂的职能而言，笔者认为，这些职能中的多数虽在履职方式上大同小异，性质上也较为接近，但情况却比较复杂。以法律服务管理类职能为例，司法行政系统对它的认知可谓五花八门：有实务工作者提出，法律服务管理类职能的具体内容和履职方式由保障和执法两类构成；也有实务工作者认为，法律服务管理类职能可以分为固定事务与不固定事务两类——对于这些认知（或者说分类）司法行政系统高层并没有统一的规范，甚至未出台任何具体的说明，任由各机关单位自行理解。不过，如前文所述，笔者在职能的具体内容和履职方式层面将这一职能所有的事务进一步类型化,分为三类:本应由市场与社会自治却被政府管理的事务,既可以由政府管理也可以由市场与社会自治的事务(其又可以分为技术相关事务和政治相关事务),以及只能由政府管理的事务。但即便如此,上述职能的实践情况亦比较复杂,具体规则相对模糊,很难与一些客观指标挂钩,相关部门的履职有一定自由度——这种"不清晰"的情况给研究造成了很大的困难。对此笔者认为,虽然传统的量化方式难以起效,但借用其他学科的方法或许可以找到出路。具体而言,上述职能皆是典型的行政管理型职能,从管理学(过程)的角度看,行政管理事务可以依逻辑顺序分为四种类型,即计划、组织、领导和控制,行政管理履职的各项具体方式皆可被归于这四种类型中。这就在很大程度上给考察司法行政机关上述职能"五花八门"的履职方式提供了便利,即在类型化的基础上,进一步将司法行政机关一段时间(以年为单位)内开展的在过程上逻辑连贯的业务视为一个完整项目(业务),而后以项目(业务)数量为基本单位进行量化考察。如某部门某年组织开展了"法律七进"活动,并出台了"法律七进"实施方案(计划),安排相关人员参与此活动并对参与人员进行培训(组织),通过出台规范性文件等方式协调相关部门、机构间的关系和分工(领导),对参与"法律七进"活动的人员进行监督和对活动效果进行评估(控制)等具体业务。这些业务在逻辑上是连贯的,皆属于"法律七进"活动,皆为"法律七进"这一活动服务。因此不管该部门在一个项目中开展了多少具体业务活动,数量上仅计为1。不过正如上文所述,司法行政机关法律服务管理类职能和法学教育管理职能的履行过程并不只有管理学(特别是工商管理)意义上的"项目",执业许可、变更、注销、年检和行政处罚等事务皆较为清晰具体的管理业务,在这种情况下为统一考察标准,笔者也将这些事务视为"项目"。如某部门某年为100位法律服务工作者办理了执业许可,由于其主体统一(办理执业许可),在数量上计为1个项目(而非100个项目)。同理,其他执业变更、执业注销和行政处罚也分别算作1个项目。由此,笔者将以管理学意义上的"项目"来反映司法行政机关法律服务管理类职能和其他行政管理性质相对较强的职能的业务数量。

综上所述,对于以A省司法厅为代表的省级司法行政机关的业务数量,笔者将以职能为界分别进行考察。① 考察的时间范围以各职能恢复重建或被划入的年份为起点,由于时间较长,笔者采取了每隔一年计数一次的方式,除个别职能,其余终点皆设置为2019年,以此描绘省级司法行政机关业务数量发展变化的情况。

三、业务人员的有效工作时间与工作强度

客观地讲,仅以业务数量判断省级司法行政机关的实际工作量是片面的,单项业务也存在繁简之分,若处理的多是简单业务,就算项目(业务)数量再大,工作量大、业务繁重的说法也很难站住脚。要想更准确地把握省级司法行政机关的工作负荷,还需要考察其他指标。由上文可知,省级司法行政机关的履职实践多具有复杂性,光是量化和类型化已很困难,若要进一步具体分析业务的繁简程度,其困难程度是无法想象的。在这种情况下,笔者决定参考他人的方法,以更简单、直接的方式对省级司法行政机关是否存在工作量大、业务繁重的状况进行判断,即测量省级司法行政机关业务人员(一线工作人员,不包含处长、副处长等行政管理人员)的有效工作时间②与工作强度。

---

① 需要特别说明的是,受限于部分材料缺失,有一些数据来源于受访人员的回忆,虽不是特别精确,但在相当程度上也能描绘当时的状况。
② 类似的研究可参见左卫民:《时间都去哪了——基层法院刑事法官工作时间实证研究》,载《现代法学》2017年第5期,第174页。

无论从哪方面看,测量业务人员的有效工作时间与工作强度都是透视某项职能工作负荷直观有效的方法,特别是对于那些难以量化的职能。若业务人员有效工作时间过长、工作强度过大,说明相关职能实际工作量大、业务繁重。客观地讲,一方面,工作强度固然好理解,笔者参考了当前不少企业所用的一般标准将其分为"工作强度小,很轻松""工作强度一般,相对轻松""工作强度适中""工作强度大,相对繁重""工作强度很大,特别繁重"五档(事实上,这五档基本亦可用于形容整个实际工作量,笔者在本书中也如此使用过),并通过查阅文本资料、访谈和观察等方式,考察并判断各职能业务人员(整体上的、某种程度上与平均值相近的)的工作强度(时间范围以各职能恢复重建或被划入的年份为起点,除个别职能外,其余职能终点皆设置为 2019 年,期间以年为单位每隔一年计一次)。另一方面,有效工作时间看似简单,但在实际测量之前需要明确两个问题:一是如何界定。按照一般理解,所谓工作时间与单位规定的上班时间密切相关,但这种理解存在很大的漏洞,例如,即便是在单位规定的上班时间(8 小时)内,部分业务人员处理其他事务等现象依然存在,也有部分业务人员由于工作量大,经常在上班时间外加班。有鉴于此,笔者所称的有效工作时间并非单位规定的上班时间,而是业务人员履行某一职能所耗费的时间,与规定的上班时间没有必然联系。二是数据如何整理。对于省级司法行政机关的业务人员而言,其工作任务并非像流水线工作那样一成不变,当业务突然增多时,业务人员的有效工作时间一定会增多,反之则减少,而业务本身又受各种复杂因素的影响,具有一定的随机性。因此在实践中,省级司法行政机关业务人员每月、每周甚至每日的工作时间经常呈现忽短忽长的态势,以个人为单元的长期极高精确度统计相当困难——受限于各方面的客观条件,笔者不可能长期(以年为单位)追踪司法行政机关业务人员上班期间的活动状况以获知其有效工作时间,特别是在司法行政机关处室、职能众多的情况下。如是，笔者采取了传统的查阅相关文本资料、观察、访谈等方式，以此了解、"测算"了业务人员（整体上）平均每个工作日的有效工作时间（时间范围也以各职能恢复重建或被划入的年份为起点，除了个别职能，其余职能终点皆设置为2019年，期间以年为单位每隔一年计一次）。虽然此种方式得出的数据不是特别精确，但其仍然能作为"线索与风向标"并足以说明问题。

第二节　省级司法行政机关行政立法、行政执法和刑事执行类职能履行状况

一、行政立法类职能的履行状况

行政立法类职能是省级司法行政机关履职实践中最容易理解的，该类职能下有且仅有行政立法一项职能。

尽管行政立法的域外理解众说纷纭[1]，但在我国，顾名思义，行政立法是指行政机关制定行政法规和规章的活动。当前我国行政机关立法的规定集中于《立法法》中，其第72条第1款规定："国务院根据宪法和法律，制定行政法规。"第73条第1款规定："国务院法制机构应当根据国家总体工作部署拟订国务院年度立法计划，报国务院审批。国务院年度立法计划中的法律项目应当与全国人民代表大会常务委员会的立法规划和年度立法计划相衔接。国务院法制机构应当及时跟踪了解国务院各部门落实立法计划的情况，加强组织协调和督

---

[1] 参见周汉华：《行政立法与当代行政法——中国行政法的发展方向》，载《法学研究》1997年第3期，第20页。

促指导。"第80条第1款规定："省、自治区、直辖市的人民代表大会及其常务委员会根据本行政区域的具体情况和实际需要，在不同宪法、法律、行政法规相抵触的前提下，可以制定地方性法规。"第91条第1款规定："国务院各部、委员会、中国人民银行、审计署和具有行政管理职能的直属机构以及法律规定的机构，可以根据法律和国务院的行政法规、决定、命令，在本部门的权限范围内，制定规章。"由此可见，尽管在中央层面，司法部可以启动行政立法程序，但在省级层面，不论是原政府法制办公室，还是合并后的省级司法行政机关均无权自行启动行政立法的权力，或者说省级司法行政机关并非严格意义上的行政立法机关。不过，与中央对应的是，在省级层面，政府法制机构依然负责编制省政府年度立法计划规划，并经由省人大和省政府授权的形式制定地方性法规（草案）。因此，从这一层面讲，无论是原省政府法制办公室还是合并后的省级司法行政机关，在某种程度上皆有行政立法职能。与此同时，在实践中，行政立法也并非原省政府法制办公室或省级司法行政机关独有的职能，在起草地方性法规（草案）时，原省政府法制办公室或省级司法行政机关多数时候需与其他机关单位合作。

具体到A省司法厅层面，在20世纪80年代初，A省司法厅曾短暂拥有作为行政立法职能前身的法律编纂职能，但不到一年，该职能即被划归新成立的省政府法制部门，直到2019年年初，该职能才回归A省司法厅。在实践中，A省司法厅行政立法工作由立法一处和立法二处承担，两个处的分工并无本质差异，仅是负责的立法领域不同（参见表1.2）。当前，A省司法厅在实践中主要通过起草地方性法规（草案）的方式完成行政立法工作。如上文所述，虽然A省司法厅无权启动行政立法程序，但依据《A省人民政府拟定地方性法规草案和制定规章程序规定》，法规、规章草案由省法制机构起草或组织起草。在起草地方性法规之时，A省司法厅与其他相关单位之间的关系也严格依照《A省人民政府拟定地方性法规草案和制定规章程序规定》处理,即涉及共同行政行为的、重要行政管理和综合性较强的、涉及重大应急事项的、主管部门不明的草案一般由A省司法厅单独负责起草,其余草案皆由其他机关单位具体负责,A省司法厅一般负责组织并与其他机关单位合作。由此可见,在相关规则的约束下,A省司法厅行政立法职能的具体内容和履职方式相当中规中矩,并没有"背离规则"的现象,与其他单位的职能也没有明显的冲突。至于实际工作量,2019年,在行政立法方面,A省司法厅编制了一份年度立法计划,审查了约100条立法建议,组织起草了10余部地方性法规。业务人员平均每个工作日有效工作时间为7小时,整体上的工作强度适中。由此看来,目前A省司法厅行政立法职能的运行相对平稳。

二、行政执法类职能的履行状况

正如前文所述,"行政执法"本身就是一项内涵和外延不甚明晰的概念,它最先被政府法制办公室用以指代自身除行政立法外的其余职能。而在政府法制办公室与司法行政机关合并后,司法行政系统将原有的强制戒毒管理职能也归入了该类。客观地讲,对于"行政执法"这一说法,笔者不是特别满意,但鉴于官方采用了这种说法且目前也无更好的理论分类,笔者最终还是接受了此种提法。依照司法行政系统的分类,行政执法大类包含依法行政指导、行政执法监督、合法性审查、行政复议与行政应诉以及强制戒毒管理(本书不论述)五项职能。

(一)依法行政指导

顾名思义,依法行政指导是指相关单位指导、监督政府系统根据法律法规的规定设立,并依法取得和行使其行政权力,对其行政行为的后果承担相应责任的行为。它事实上是一系列具体事务的总称。对于依法行政,目前尚无专门的法律规定,在2018年司法行政机构改革前最主要的纲领性文件即为2004年国务院印发的《全面推进依法行政实施纲要》以及2010年印发的《国务院关于加强法治政府建设的意见》(现已失效)。依照这两个文件,依法行政包含了38项具体内容,其内涵相当丰富。其中,原政府法制办公室虽处于参谋和助手的地位,但并未就具体如何指导、指导什么作出规定。因而在依法行政指导层面,所谓的规范是笼统的——换句话讲,只要原政府法制办公室履行了一般意义上的指导活动,即是符合规范的。随着政府法制办公室与司法行政机关的合并,省级司法行政机关也全面继承了这一职能。

  具体到A省,当前A省司法厅设有法治调研处,专门负责依法行政指导工作。在实践中,A省司法厅法治调研处的业务可以说"五花八门",如拟定全省依法行政规划和年度计划并组织实施,起草A省依法行政工作报告,组织指导协调省、市、县三级行政权力机关清理规范和动态调整等。不过,仔细分析,就算再"五花八门",A省司法厅的业务也未脱离"指导"的范畴,所有的内容也与依法行政相关,因此从这一层面讲,A省司法厅依法行政指导是基本符合既定规范的。与此同时,在省政府的领导下,受其指导的单位也愿意配合A省司法厅开展工作,双方的履职并不存在冲突。值得一提的是,"指导"虽可以有政治、技术之分,但在实践中,A省司法厅并未刻意区分政治与技术,一次"指导"、一个"项目"基本横跨了政治与行政两个领域。在笔者看来,当前A省司法厅依法行政指导职能已非传统意义上的指导政府依法行政,其不再是单纯的行政职能,且已带有一定的政治属性。至于实际工作量,2019年,在依法行政指导方面,2名业务人员完成了约6个项目、平均每个工作日有效工作时间为 7 小时,整体上的工作强度适中。由此可见,目前 A 省司法厅依法行政指导职能的运行还算平稳。

(二)行政执法监督

严格意义上讲,行政执法是行政工作的一部分,行政执法监督理论上包含在依法行政指导工作内。实践中,部分地方政府法制办公室(特别是市、县两级政府法制办公室)亦未区分行政执法监督和依法行政指导,将二者合并为一项职能。不过,客观地讲,行政执法监督产生的时间远早于依法行政指导。以 A 省为例,A 省政府法制办公室早在 1996 年就被赋予行政执法监督的职权,彼时党中央、国务院尚未提出依法行政这一理念。在省级层面,多数政府法制办公室区分了依法行政指导和行政执法监督两项职能,并由两个不同的部门分别履行。与此同时,"行政执法监督"中的"行政执法"也不能与行政执法大类画等号,依照 2018 年司法行政机构改革前《A 省行政执法监督条例》第 3 条的规定:"本条例所称行政执法,是指各级人民政府及其所属工作部门实施法律、法规、规章的下列行政行为:(一)制定在本行政区域内具有普遍约束力的规章、规范性文件的抽象行政行为;(二)作出涉及特定对象权利义务的下列具体行政行为:1.行政处罚;2.行政强制;3.检查、抽查、检测、检验、检疫;4.行政征收、行政征用;5.行政许可、行政审批、行政确认、行政登记;6.行政给付;7.行政裁决;8.法律、法规规定的其他具体行政行为。"由此可见,相较于依法行政指导的宏观,行政执法监督较为具体。而依照该条例第 7 条和第 8 条的规定,县级以上地方人民政府负责本行政区域内的行政执法监督工作。县级以上地方人民政府法制工作机构是本级人民政府的行政执法监督机关,具体实施行政执法监督工作并接受上级人民政府法制工作机构的业务指导。县级以上地方人民政府所属工作部门是本系统的行政执法监督机关,负责本系统的行政执法监督工作,其法制工作机构具体实施本系统的行政执法监督工作并接受本级人民政府法制工作机构的业务指导。也就是说,原政府法制办公室仅是政府系统行政执法监督的宏观组织者、协调者,真正实施监督的是各个系统(单位)的法制(治)部门。在实践中,行政执法监督完全是技术事务,目前仅针对政府系统,基本不涉及政治内容和政治机关。

原 A 省政府法制办公室与 A 省司法厅合并后,A 省司法厅便具有行政执法监督职能。当前 A 省司法厅设置了法治督察处,专职行政执法监督事务,其实际职能的具体内容和履职方式也基本符合彼时的《A省行政执法监督条例》,即宏观把控全省政府系统依法行政督察状况并在省政府的授权下开展重大专项督察,特别是在与其他部门合作开展重大专项督察时,因为有省政府的授权,各政府部门也愿意配合 A 省司法厅法治督察处的工作,双方并不存在履职冲突的现象。由此可见,当前 A 省司法厅行政执法监督职能的具体内容和履职方式基本合乎规范、不存在冲突、整体上中规中矩。至于实际工作量,2019 年,在行政执法监督方面,4 名业务人员共完成了约 5 个项目,平均每个工作日有效工作时间为 6 小时,整体上工作强度适中。如此,和依法行政指导职能一样,目前 A 省司法厅行政执法监督职能的运行也还算平稳。

(三)合法性审查

在学理上,合法性审查的内涵较为丰富,既可以指行政诉讼中法院对具体行政行为是否合法进行审查,也可以指相关单位对法律法规是否合宪、合法进行审查。① 在政府法制工作和司法行政意义上,合法性审查是指政府法制机构对行政法规、部门规章和其他规范性文件是否合法进行审查。从严格意义上讲,合法性审查实际上是依法行政指导的一部分,理应属于依法行政指导部门的职权。不过在政府法制办

---

① 参见张一鸣:《地方行政立法监督制度的域外借鉴及启示——基于政府规章备案审查的视角》,载《人大研究》2019 年第 8 期,第 18 页。

公室系统中,合法性审查职能与部门皆单独设立,没有与依法行政指导部门合并。事实上,在政府法制办公室系统看来,依法行政指导与合法性审查是两种不同的逻辑——合法性审查是政府法制办公室作为政府法律顾问所应具备的职能,在本质上相当于政府的法务(工作部门)。① 依法行政指导则"自成一派",是政府法制办公室作为法治政府建设组织机构的职权。客观地讲,这种逻辑在学理上部分成立,毕竟法律不等于法治。但在笔者看来,政府法律顾问和法治政府建设组织者这两种角色定位并不冲突;政府法律顾问的存在会令政府更加懂法守法,从而提高政府法治建设水平;法治政府建设组织者的存在也会令政府更注重法律的运用,从而强化政府法律顾问这一角色。不过,不论二者事实上是什么关系,合法性审查与依法行政指导的分离也是长期存在的事实,对于二者在理论上究竟是应合并还是分离并非本书研究的重点,在此不再赘述。严格意义上讲,合法性审查表面上没有既定规范,但事实上它的规范比不少职能都严格——其职能的具体内容和履职方式即是审查各种行政法规、部门规章和其他规范性文件是否符合现行法律法规的规定、有无冲突。与此同时,虽然原政府法制办公室和省司法厅审查了大量其他机关单位的文件,但审查什么、如何审查皆取决于原政府法制办公室和省司法厅自身的考量。因而合法性审查职能的具体内容和履职方式是典型的,不受其他单位影响,也基本不需要处理与其他单位之间关系。

实践中,合法性审查职能于2019年年初随A省政府法制办公室合并归入A省司法厅,如表1.2所示,当前A省司法厅保留了原A省政府法制办公室合法性审查处,其仍专司合法性审查工作。实践中,A省司法厅合法性审查处主要通过审查下级政府和同级政府各部门制定的规范性文件及报送备案的方式完成这项职能,审查的方式主要是

---

① 参见左卫民、唐清宇:《依法治国背景下都会城市政府法制办公室运行机制与改革进路》,载《四川大学学报(哲学社会科学版)》2016年第2期,第139页。

看其具体内容是否与现行法律法规存在冲突。至于实际工作量,2019年,在合法性审查方面,2名业务人员审查了超过1000件规章和规范性文件,平均每个工作日有效工作时间为8小时(个别时段还需加班),整体上工作强度大。截至笔者调研结束前夕,A省司法厅已开始推行政府购买法律服务,准备聘请外部法律工作者协助承担该任务。可以预见的是,随着人手的增加,很快A省司法厅合法性审查处业务人员的工作负担将被减轻,其有效工作时间将会减少,工作强度亦会下降。因此,笔者认为,虽然当前A省司法厅合法性审查职能的负担较重,但该问题不具有深入讨论的价值——其职能的具体内容和履职方式并不存在明显的问题,且该问题行将被解决。因而在后文中,笔者将不再进一步论述该问题。

(四)行政复议与行政应诉

客观地讲,依照《行政复议法》和《行政诉讼法》的规定,行政复议与行政应诉几乎是每一个政府机关单位固有的职能。实践中,绝大部分机关单位都未将行政复议与行政应诉列入自身主要职能类别中,也多未设置专门的部门负责复议、应诉事务,因为其难以体现自身的独特性。不过对于原政府法制办公室而言,行政复议与行政应诉却有些独特,依照2018年司法行政机构改革前的《行政复议法》第12条第1款规定:"对县级以上地方各级人民政府工作部门的具体行政行为不服的,由申请人选择,可以向该部门的本级人民政府申请行政复议,也可以向上一级主管部门申请行政复议。"《行政复议法》第14条前段规定:"对国务院部门或者省、自治区、直辖市人民政府的具体行政行为不服的,向作出该具体行政行为的国务院部门或者省、自治区、直辖市人民政府申请行政复议。"《行政诉讼法》第26条规定:"公民、法人或者其他组织直接向人民法院提起诉讼的,作出行政行为的行政机关是被告。经复议的案件,复议机关决定维持原行政行为的,作出原行政行为的行政机关和复议机关是共同被告;复议机关改变原行政行为的,复议机关是被告。复议机关在法定期限内未作出复议决定,公民、法人或者其他组织起诉原行政行为的,作出原行政行为的行政机关是被告;起诉复议机关不作为的,复议机关是被告。两个以上行政机关作出同一行政行为的,共同作出行政行为的行政机关是共同被告……"由此可见,省政府是可以作为行政复议的复议机关和行政诉讼的被告的,而在实践中,代表省政府进行复议与应诉的单位是省政府法制办公室。

客观地讲,因为《行政复议法》和《行政诉讼法》皆有明确的规定,无论是原政府法制办公室还是A省司法厅,虽有裁量权,但履职基本会在既定的框架内——这一点在当前A省司法厅行政复议与行政应诉的履职实践中已有体现。但原政府法制办公室的行政复议却不只涉及自己,还与其他平级机关单位息息相关,因而还需考察原政府法制办公室及现在的省级司法行政机关与其他单位在行政复议层面的关系处理。客观地讲,当政府法制办公室单独存在时,其代表省政府行使行政复议与行政应诉的权力并无大碍,而当政府法制办公室与司法行政机关合并后,其职能的具体内容和履职方式无论是在理论上还是实践中都存在问题。具体到A省司法厅,如前文所述,几乎所有的政府机关都拥有行政复议的权力,A省司法厅也不例外,其本身就是复议下级单位和被申请复议的机构。当A省司法厅被申请复议时,同级政府法制办公室正是复议者之一。如此,省政府法制办公室与省级司法行政机关的合并很有可能造成"自己复议自己""既是运动员又是裁判员"的尴尬情形。[①] 至于行政应诉,虽然A省司法厅同样具有作为被告应诉的权力,但并不与原A省政府法制办公室的行政应诉权力相冲突。在实践中,A省司法厅大体保留了原A省政府法制

[①] 参见黄学贤、李凌云:《政府法制机构与原司法行政机关整合:动因、问题及对策》,载《苏州大学学报(法学版)》2019年第2期,第641页。

办公室的行政复议应诉部门,并将自己原本具有的行政复议应诉职能合并进该部门,从而成立了新的行政复议与应诉局。A 省司法厅行政复议与应诉局承担了复议下级司法行政机关、下级政府和同级政府各部门以及作为被告代表司法厅和省政府应诉的职权。2019 年,A 省司法厅行政复议与行政应诉方面的 6 名业务人员总共处理了超过 600 件行政复议案件,其中有一部分是作为复议者复议 A 省司法厅的行政行为,总共处理了超过 300 件行政诉讼案件。由此可见,虽然行政应诉的配置不存在矛盾,但行政复议的配置的矛盾由理论变为现实,A 省司法厅在实践中确实存在"自己复议自己"的现象——这是典型的没有处理好与其他单位之间关系的体现,未来应重点关注这一方面。此外,抛开职能的具体内容和履职方式,就实际工作量的其他指标而言,2019 年,在行政复议与行政应诉方面,6 名业务人员平均每个工作日有效工作时间为 8 小时,整体上工作强度大。不过,与合法性审查职能一样,得益于 A 省司法厅正在推行的政府购买法律服务,行政复议与应诉局正准备聘请律师协助处理行政复议与行政应诉事务,其工作相对繁重的问题将成为历史。如此,尽管在职能的具体内容和履职方式层面以及实际工作量层面都存在一定问题,但考虑到 A 省司法厅行政复议与行政应诉职能工作负担即将减轻,笔者不再进一步讨论其实际工作量层面的问题,下文仅论述其职能的具体内容和履职方式层面出现的"自己复议自己"的问题。

三、刑事执行类职能的履行状况

如前文所述,我国司法行政系统没有完整的法院生效判决执行权,就连刑事执行权也不完整。除了本书不论述的监狱管理,当前司法行政系统还具有的刑事执行类职能为社区矫正。

对于我国而言,社区矫正是一项相对"年轻"的刑罚制度,它是与监禁相对应的非监禁执行措施,是罪犯在社区执行全部或者部分刑期的一种非监禁制裁。① 社区矫正制度起源于19世纪中期的西方国家,并于21世纪初传入我国。② 2003年,公安部、最高人民法院、最高人民检察院和司法部联合下发了《关于开展社区矫正试点工作的通知》(现已失效),开始在我国推行社区矫正制度。2012年《刑事诉讼法》修订后,从法律层面正式确立了社区矫正制度。除《刑事诉讼法》外,当时我国社区矫正制度规范还包括《社区矫正法》和《社区矫正法实施办法》,《社区矫正法》第8条第1款规定:"国务院司法行政部门主管全国的社区矫正工作。县级以上地方人民政府司法行政部门主管本行政区域内的社区矫正工作。"第9条规定:"县级以上地方人民政府根据需要设置社区矫正机构,负责社区矫正工作的具体实施。社区矫正机构的设置和撤销,由县级以上地方人民政府司法行政部门提出意见,按照规定的权限和程序审批。司法所根据社区矫正机构的委托,承担社区矫正相关工作。"在这个意义上,虽然整个司法行政系统可以被认为是社区矫正的执行者,但分而划之,具体执行社区矫正的是县级司法行政机关社区矫正机构和基层司法所,省级司法行政机关应如监狱管理那样是社区矫正的管理者。同样,由于之前的《社区矫正实施办法》(现已失效)以及现行的《社区矫正法》和《社区矫正法实施办法》没有详细规定作为指导管理者的省级司法行政机关具体应如何履职,再加上当前社区矫正的内部规则也未涉及省级司法行政机关,因而省级司法行政机关职能的具体内容和履职方式只要符合一般意义上的"指导管理",不去亲自执行社区矫正,即是合规的。此外,虽然是否适用社区矫正不

---

① 参见吴宗宪:《社区矫正比较研究》(上),中国人民大学出版社2011年版,第3页。
② 参见任永安、卢显洋:《中国特色司法行政制度新论》,中国政法大学出版社2014年版,第83页。

由司法行政系统决定,但在执行社区矫正层面,主要受机关单位维度影响的社区矫正实际职能的具体内容和履职方式多取决于省级司法行政机关的自行考量。

从数据的角度看,A省司法厅社区矫正的实际工作量如何呢?经过统计,笔者发现,A省司法厅在社区矫正工作方面的业务数量大体呈上升趋势,由2005年的4件业务上升至2019年的9件,在数量上有很大的提升(参见图2.1)。相应的,A省司法厅社区矫正方面的业务人员数量和有效工作时间也呈上升趋势(参见图2.2)。然而从数据上看,在社区矫正方面,业务人员平均每个工作日的有效工作时间还未达到8小时,且在编制上,社区矫正管理部门处于未满编的状态,这就在很大程度上说明A省司法厅在社区矫正方面尚未满负荷运转。对此笔者认为,社区矫正是一项"年轻"的职能,其目前被发掘的内容不多,且A省司法厅也不是社区矫正的直接执行者,其在这方面的工作内容有限、工作强度适中(参见表2.1)是可以理解的。

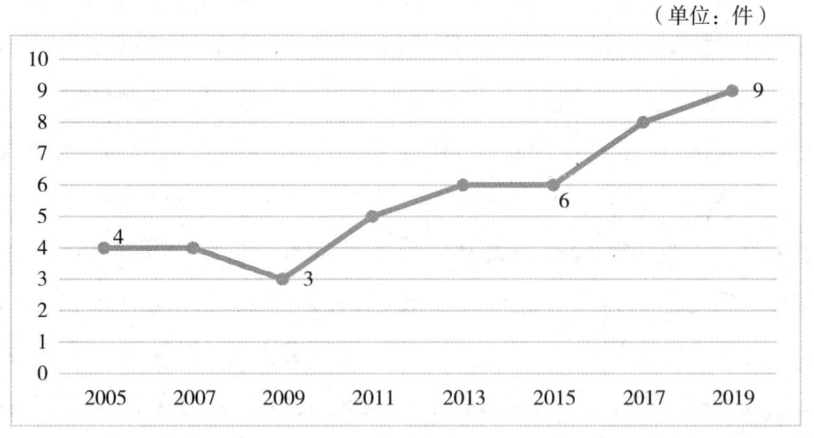

图2.1 2005—2019年A省司法厅社区矫正方面完成的业务(项目)数量图

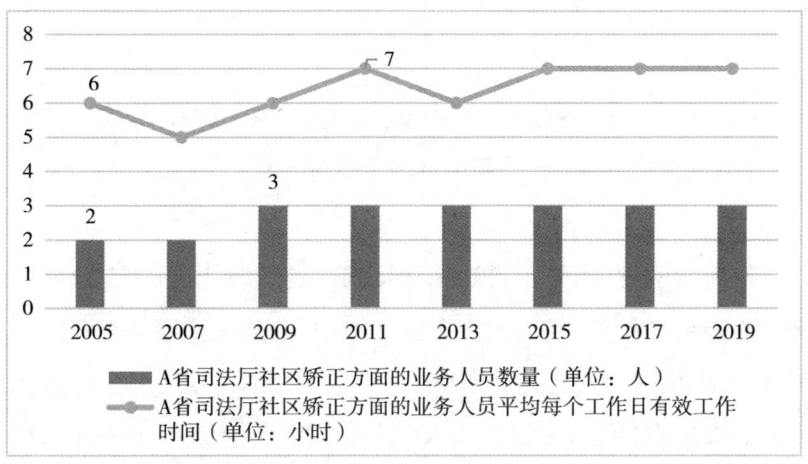

图 2.2　2005—2019 年 A 省司法厅社区矫正方面的业务人员数量及业务人员平均每个工作日的有效工作时间图

表 2.1　2005—2019 年 A 省司法厅社区矫正方面的业务人员工作强度

时间	工作强度
2005 年	工作强度一般,相对轻松
2007 年	工作强度一般,相对轻松
2009 年	工作强度一般,相对轻松
2011 年	工作强度一般,相对轻松
2013 年	工作强度适中
2015 年	工作强度适中
2017 年	工作强度适中
2019 年	工作强度适中

第三节　省级司法行政机关公共法律服务类职能履行状况

如前文所述,相较于内涵和外延较广的行政执法职能,公共法律服务职能更加抽象,在当前的职能分类中,公共法律服务类职能似乎被司法行政系统作为一个"兜底"分类,一切无关行政立法、行政执法和刑事执行的职能都可以被归入该类中。所以,笔者在导论中对该大类职能进行了进一步细化,即在不改变司法行政系统"四大职能"分类的基础上,在学理层面将该大类细化为法律服务管理、法律服务提供和其他三小类进行研究。在下文中,笔者将按照这三小类依次论述省级司法行政机关公共法律服务职能的履行状况。

一、法律服务管理类职能的履行状况

所谓"法律服务管理",在笔者看来,事实上应是"法律服务行业管理"。有学者认为,我国法律服务行业可以分为三类:律师法律服务、基层法律工作者法律服务和法律允许的非律师无偿服务。[1] 然而该划分方法不太科学:法律服务本质上是对涉及法律问题的人提供专业的法律帮助,而法律问题却具有相当宽泛的外延,不限于诉讼、仲裁等事务,诸如公证这一涉法有偿业务是无法归入上述三种分类之中的。因此笔者认为,对法律服务行业不应以律师服务为标准进行定

---

[1] 参见陈宜、崔玉麒:《法律服务分流制的构想——兼论法律服务市场的净化》,载《政法论坛》2002年第2期,第128页。

义,只要是市场与社会组织为当事人解决法律问题或提供法律帮助,不论是否有偿,均可称为法律服务行业。在这个意义上,无论是律师行业、公证行业、基层法律服务行业、司法鉴定行业、仲裁行业乃至人民调解行业,都是法律服务行业。不过,明确法律服务和法律服务行业的内涵和外延仅是本节前置铺垫的第一步。如前文所述,法律服务管理实质上是典型的行政管理职能。在我国行政实践中,行政管理的形式纷繁复杂。不同的事务不仅性质不一,在履职方式层面也存在较大的差异,虽然依照《律师法》第 4 条、《公证法》第 5 条等法律法规的规定,司法行政机关法律服务管理类职能的具体内容和履职方式被统称为监督、指导。但在实践中,"监督、指导"却是内涵和外延极丰富的词汇。正是为了应对这种复杂情况,笔者采用了上文所述的"项目"统计法。同时为进一步透视市场与社会的影响、观察省级司法行政机关和市场与社会组织的互动,笔者从本书的分析框架出发,将省级司法行政机关法律服务管理类职能的具体内容和履职方式分为三类:一是本应由市场与社会自治却被政府管理的事务(如设立律师事务所、司法鉴定机构等);二是既可以由政府管理也可以由市场与社会自治的事务,或者说行政管理和市场与社会自治"模棱两可"的领域(如制定某些行业业务标准、培训法律服务从业人员、全面落实党对法律服务行业的领导等),该类事务又主要包含法律服务行业业务活动管理等技术相关事务和全面落实党对法律服务行业的领导等政治相关事务两小类;三是只能由政府管理的事务(目前包括法律服务行业执业许可、考核、变更、注销和行政处罚等)。

  在本节中,除省级司法行政机关的履职是否符合既有规则(规范)、是否与其他单位存在冲突以及省级司法行政机关在履职实践中如何处理政治性事务外,笔者还将以上述方式指代省级司法行政机关法律服务管理类职能的具体内容和履职方式,以此整体把握省级司法行政机关如何处理和市场与社会组织的关系。值得一提的是,正如前文所述,在以 A 省司法厅为代表的省级司法行政机关法律服务管理类职能履行实践中,"省级司法行政机关在履职实践中如何处理政治性事务"事实上包含在其如何处理和市场与社会组织的关系中,因此在本节中,笔者不会单独论述这一指标。

(一)律师管理(包含法律援助管理)①

虽然在中华人民共和国成立初期就建立了律师制度,但那时的律师队伍主要由具备国家工作人员身份的公设辩护人组成,律师执业机构则是律师协会下属的法律顾问处。同时各律师协会设在地方司法行政机关内(相当于司法行政机关的直属机构),没有全国性的律师协会,律师也相当于受司法行政机关的直接管理。之后,律师制度在反右运动中遭到破坏,律师和律师协会的活动中止,直到 1979 年才得以恢复。1986 年,中华全国律师协会成立,依照《律师暂行条例》(现已失效)的规定,律师协会开始作为律师行业的辅助管理者履行职务。1993 年,国务院批复了《司法部关于深化律师工作改革的方案》,提出律师体制的改革方向是要建立律师协会行业管理与司法行政机关的行政管理"两结合"的管理体制,要求强化律师协会的行业管理职能。② 1996 年《律师法》颁布,其第 4 条规定:"国务院司法行政部门依照本法对律师、律师事务所和律师协会进行监督、指导。"第 39 条第 1 款规定:"律师必须加入所在地的地方律师协会。加入地方律师协会的律师,同时是中华全国律师协会的会员。"由此,国务院提出的"两结合"管理体制被法律确定下来。而后,《律师法》和相关部门不断调整"两结

---

① 如前文所述,法律援助管理在 2018 年司法行政机构改革后被调整给其他部门,然而实践中不少地方司法行政机关长期将法律援助管理归入律师管理工作中,A 省司法厅也是在 2018 年司法行政机构改革后(2019 年)将其调出,其单独详细的资料较少。有鉴于此,笔者仍将法律援助管理工作计为律师管理工作的一部分。

② 参见任永安、卢显洋:《中国特色司法行政制度新论》,中国政法大学出版社 2014 年版,第 326 页。

合"管理体制,明确了司法行政机关和律师协会各自的职权。从理论上讲,当前"两结合"管理体制体现为司法行政机关主导律师管理工作,律师协会发挥辅助作用。其中司法行政机关的职权有:监督指导律师、律师事务所和律师协会,惩戒律师和律师事务所,授予律师资格,律师管理相关法规规章的制定等具体事务管理权限,留给律师协会的管理空间相当有限。① 在实践中,不同层级司法行政机关履职的侧重点在以律师管理为代表的法律服务管理类职能履行方面体现得淋漓尽致:就执业许可、考核、变更、注销和行政处罚这些法律明确规定的只能由政府管理的事务而言,市级司法行政机关是执业许可、考核、变更、注销和行政处罚等事务的"所有权人",县级司法行政机关虽没有作出许可、行政处罚的权力,但在实践中却是调查监管的"主力"。以 A 省司法厅为代表的省级司法行政机关虽然表面上不具体负责这些事务,但却通过总揽市、县两级司法行政机关的执业许可、考核、变更、注销和行政处罚间接执行这些事务,部分情况下还亲自执行这些事务。当然在这些事务之外,省级司法行政机关还履行了一些额外的职能,如培训律师、组织律师参加活动等,虽然这部分活动法律没有明确规定,但在一般意义上仍是监督、指导的范畴。在笔者看来,所谓的"监督、指导"本身就是内涵和外延极广的概念,依现行《律师法》等法律法规的规定,省级司法行政机关理论上在律师行业虽不能"为所欲为",但只要不履行亲自开设律师事务所、提供律师服务等直接的市场与社会行为,理论上均可算作"监督、指导"。事实上,A 省司法厅仅在 20 世纪 80、90 年代帮助开设过律师工作机构,此后再也没有这一行为。然而依照 20 世纪 80、90 年代的规范(当时并没有具体法律规定,但有相关制度),彼时律师工作机构是国家机关、律师是国家工作人员,以 A 省司法厅为代表的省级司法行政机关也是在党和国家的指示下帮助开

---

① 参见陈卫东主编:《中国律师学》(第 5 版),中国人民大学出版社 2023 年版,第 140—141 页。

设了律师工作机构,如此一来,彼时A省司法厅律师管理职能的具体内容和履职方式也是合乎规范的。所以,笔者认为,A省司法厅律师管理职能基本是合规的。至于与其他机关单位的关系,由于司法行政机关是唯一的律师管理机构,省级司法行政机关并不需要处理与其他机关单位的关系,因而这一层面没有体现。

在A省司法厅律师管理职能的实际工作量层面,A省司法厅律师管理方面的业务(项目)数量基本经历了一个先升后降的过程:如图2.3所示,1980年至1994年,A省司法厅律师管理方面的业务(项目)数量增长了480%,基本处于上升期,而后自1996年起,A省司法厅律师管理方面的业务(项目)数量即开始呈下降趋势。不过正如前文所述,业务(项目)数量的增减只能说明一部分问题,实际工作量的判断还需参考其他指标。如图2.4所示,在业务(项目)数量处于上升期时,A省司法厅律师管理方面的业务人员的有效工作时间也基本呈上升态势:从20世纪80年代至90年代中期,A省司法厅律师管理方面的业务人员平均每个工作日的有效工作时间从5小时上升至7小时;虽然在20世纪90年代后期和21世纪初,有效工作时间稍微有所回落,但在不久后,又再次直线上升,特别是2014年至2019年,A省司法厅律师管理方面的业务人员平均每个工作日的有效工作时间已达8小时,可以说是满负荷运转,虽然同期A省司法厅律师管理方面的业务人员数量也在不断上升,但业务人员的有效工作时间仍在不断增加。同时在工作压力层面,A省司法厅律师管理方面的业务人员工作强度变化趋势也与有效工作时间基本相近——如表2.2所示,A省司法厅律师管理方面的业务人员工作强度在20世纪80年代至90年代中期基本呈上升趋势,最终维持在较高水平,而综合图2.3和表2.2来看,此后,律师管理方面的业务人员的工作强度有一定的下降,但自2014年起,律师管理方面的业务人员的工作强度再一次呈上升趋势,再次达到工作强度大的水平。由此,笔者判断,A省司法厅律师管理职能的实际工作量基本呈先升(20

世纪 80 年代至 90 年代中期)后小幅下降(20 世纪 90 年代后期至 21 世纪初期)最后又大幅提升(2010 年至 2019 年)的态势。

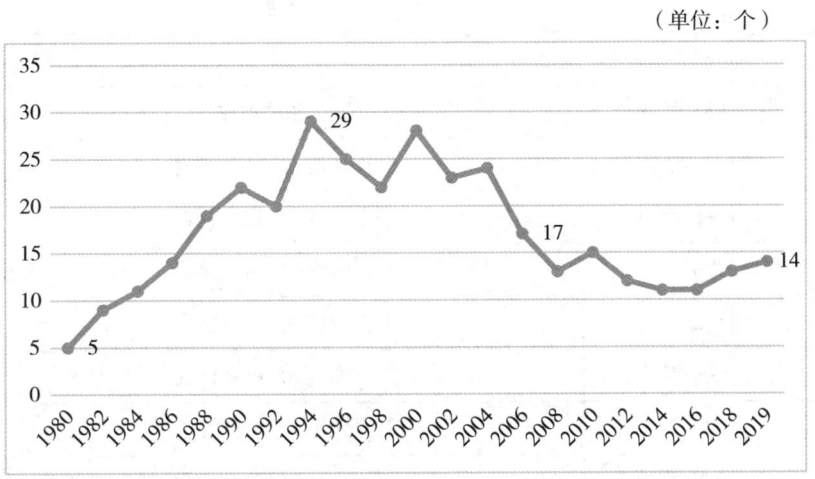

图 2.3　1980—2019 年 A 省司法厅律师管理方面完成的业务(项目)数量

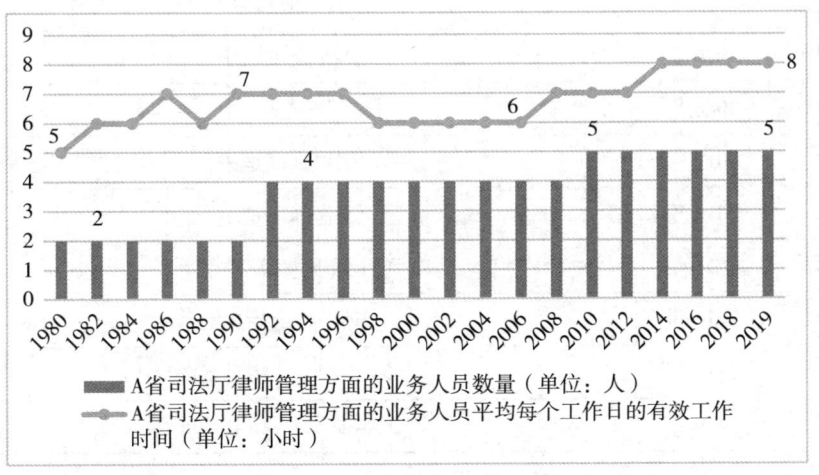

图 2.4　1980—2019 年 A 省司法厅律师管理方面的业务人员数量及业务人员平均每个工作日的有效工作时间

表 2.2　1980—2019 年 A 省司法厅律师管理方面的业务人员工作强度

时间	工作强度
1980 年	工作强度适中
1982 年	工作强度适中
1984 年	工作强度适中
1986 年	工作强度大,相对繁重
1988 年	工作强度大,相对繁重
1990 年	工作强度大,相对繁重
1992 年	工作强度大,相对繁重
1994 年	工作强度大,相对繁重
1996 年	工作强度大,相对繁重
1998 年	工作强度适中
2000 年	工作强度适中
2002 年	工作强度适中
2004 年	工作强度适中
2006 年	工作强度适中
2008 年	工作强度适中
2010 年	工作强度适中
2012 年	工作强度适中
2014 年	工作强度大,相对繁重
2016 年	工作强度大,相对繁重
2018 年	工作强度大,相对繁重
2019 年	工作强度大,相对繁重

进一步研究后笔者发现,表面数据变化与 A 省司法厅律师管理职能的具体内容和履职方式变迁有直接的关系——准确地说,是与 A 省

司法厅如何处理和市场与社会组织的关系的变迁有很大关系。在1980年A省司法厅恢复重建之际，受党和国家的直接指示，A省司法厅在律师管理方面最主要的任务是迅速重建律师行业①，因此在20世纪80年代和90年代初将特邀政法机关工作人员成为律师、组织培训新律师（以技术培训为主）、帮助建立律师工作机构、安排律师入驻作为主业，甚至设立了直属的向社会公众提供法律服务的律师工作机构。在这一时期，A省司法厅以行政力量直接建立健全律师行业的工作或者说本应由市场与社会自治却被政府管理的事务占了其职能的很大一部分。与此同时，既可以由政府管理也可以由市场与社会自治的事务也占了一部分比例，如20世纪80、90年代，A省司法厅陆续颁布了《律师工作管理办法》《律师工作执照和律师特邀工作证管理细则》等规范性文件，帮助全省律师工作机构建立规范化收案制度、重大疑难案件集体讨论制度等律师开展业务的必要制度，举办了一系列技术研讨会，对全省律师办案过程中遇到的疑难复杂技术问题进行说明，帮助全省律师统一工作口径，等等。这一时期，A省司法厅处理的既可以由政府管理也可以由市场与社会自治的事务多是专业性、技术性较强的事务，虽然也有一部分是全面落实党对律师行业的领导等政治相关事务，但不涉及政治的技术相关事务确实占了很大比例。在上述两种事务之外，只能由政府管理的事务也占了一定比例，但由于这一时期律师队伍规模较小，其所占比例并不大。同时需要指出的是，这一时期A省司法厅的工作多由A省司法厅亲力亲为，很少需要系统外的机构的协助（尽管A省律师协会于1983年便已成立，但由于没有相应的规则支撑或者说法律法规还未赋予律师协会足够的权能，再加上当时A省律师协会自身规模有限，因而基本未起到实质性作用），无论是协商设立律师工作机构、协调

---

① 这也是司法行政机关恢复重建的主要目的之一。参见郭阳：《国家司法行政工作重新开局岁月点滴——忆在司法部恢复重建三十周年之际》，载《中国司法》2010年第3期，第28页。

律师工作机构与律师和其他机构的关系、申请拨付建设用经费,还是制定相关规则、组织律师进行专业知识培训,皆由 A 省司法厅及其下属司法行政机关以行政的力量一手包办。而在经济发展水平不断提高、法律服务需求日渐增加的情况下,A 省司法厅也只能帮助增设律师工作机构,加强对律师行业的管理,这便成为 1980—1996 年 A 省司法厅律师管理业务量不断上升的主要原因。总而言之,这一时期,A 省司法厅律师管理职能的具体内容和履职方式是以本应由市场与社会自治却被政府管理的事务以及既可以由政府管理也可以由市场与社会自治的事务为主,以只能由政府管理的事务为辅,很大程度上相当于律师行业的"保姆"。随着法律服务需求的增加和律师队伍的壮大,A 省司法厅这部分事务的数量亦随之不断上升——这就成为图 2.3 反映的"项目"数量不断上升的原因。

1994 年以后,随着 A 省律师协会内部组织结构的完善,律师协会开始帮助司法行政机关承担一部分管理工作。不过,这只是一个小插曲,对于 A 省司法厅而言,更大的风波还在后面。进入 20 世纪 90 年代中期,A 省大量法律顾问处和国有律师事务所开始改制,社会律师和律师事务所强势崛起,律师行业日益市场化。自那时起,A 省司法厅帮助建立律师工作机构、安排律师入驻的活动开始减少,特别是 2000 年以后,随着 A 省主要城市最后一批国有律师事务所改制,A 省司法厅便再也没有履行过帮助建立律师工作机构一类本应由市场与社会自治却被政府管理的事务。除此之外,随着法律服务的日益精细化、复杂化和执业律师素质的不断提高,A 省司法厅管理的既可以由政府管理也可以由市场与社会自治的事务领域,过去经常开展的律师技术培训等技术相关工作也开始减少,虽然在这一时期和之后的一段时间里 A 省司法厅仍会不时在该领域履行律师管理技术相关事务,但与 20 世纪 80 年代、90 年代初相比,数量已大大减少。不过,在技术相关事务减少的同时,政治相关事务在数量上基本未变,但由于政治相关事务本身就不是经常开展的活动,因而对总量影响不大。如此一来,A省司法厅管理的既可以由政府管理也可以由市场与社会自治的事务开始减少——这便成为图2.3反映的"项目"数量开始下降、图2.4和表2.2所反映的业务人员有效工作时间和工作强度下降的原因。不过本应由市场与社会自治却被政府管理的事务的逐渐消失,既可以由政府管理也可以由市场与社会自治的事务的减少并不影响对只能由政府管理的事务的管理,司法行政机关依然是执业许可、考核、变更、注销和行政处罚等法律明确规定只能由政府管理的事务的"负责人"。律师行业已有一定规模,与之相应的只能由政府管理的事务的工作量便得以保证,不过由于笔者统计方法的缘故,执业许可、考核、变更、注销和行政处罚等只能由政府管理的事务的具体数量变化不会直接反映在业务(项目)数量上,因此在数据层面,A省司法厅律师管理方面的业务(项目)数量是下降的,但在整个实际工作量层面,因为有一定数量的只能由政府管理的事务兜底,A省司法厅的实际工作量虽有小幅下降,但依然维持在较高水平。值得一提的是,在律师行业日渐市场化、专业化的过程中,A省司法厅开始让A省律师协会分担更多的既可以由政府管理也可以由市场与社会自治的事务,特别是技术相关事务,即便在全面落实党对律师行业的领导等政治相关事务层面,A省律师协会也日益成为重要的协助者。如是,在"两结合"管理体制中,A省律师协会在形式上所起的作用越来越大。

在上述履职状况变化的趋势下,执业许可、考核、变更、注销和行政处罚等只能由政府管理的事务所占比例越来越大,而既可以由政府管理也可以由市场与社会自治的事务,特别是与律师正常业务活动管理相关的事务所占比例越来越小,最终在进入21世纪后形成以只能由政府管理的事务为主,既可以由政府管理也可以由市场与社会自治的事务为辅的态势。在既可以由政府管理也可以由市场与社会自治的事务中,又形成以全面落实党对律师行业的领导等政治相关事务为主、技术相关事务为辅的样态。与此同时,随着A省律师执业许可、考核、变更、注销和行政处罚这些只能由政府管理的事务越来越多,A省司法厅的实际工作量再次不断上升,最终到达满负荷的水平。不过,正如上文所述,由于律师执业许可、考核、变更、注销和行政处罚仅被计算为几个固定的项目,因此从整体上看,A省司法厅的业务(项目)数量下降到了一个相对较低的水平,A省司法厅律师管理职能的业务种类也因此日渐单一化——时至今日,在既可以由政府管理也可以由市场与社会自治的事务领域,A省司法厅虽然还在开展活动,但数量和力度已大大减少——这些便成为上述图表反映的数据变化情况的背后动因。

从整体上看,以A省司法厅为代表的司法行政机关律师管理的业务种类日渐单一,其已不再履行本应由市场与社会自治却被政府管理的事务,其所代表的行政力量表面上也正逐渐"淡出"市场治理和社会治理的"模棱两可"领域。对此,笔者认为,自1980年A省司法厅恢复重建以来,A省司法厅律师管理履职经历了一个由行政代行市场与社会机制到行政和市场与社会机制并行再到市场与社会机制(表面上)发挥更大作用的过程。A省司法厅在形式上逐渐由"保姆"转变为"监管者"。在这一过程中,律师行业的不断市场化、专业化是促使以A省司法厅为代表的司法行政机关不再履行本应由市场与社会自治却被政府管理的事务,更少地履行既可以由政府管理也可以由市场与社会自治的事务(特别是技术相关事务)的根本原因。然而,A省司法厅并未因此丧失自己在既可以由政府管理也可以由市场与社会自治的事务层面的主动性和强制性权力,其仍不时"插手"乃至"决定"一些既可以由政府管理也可以由市场与社会自治的技术相关事务特别是关乎整个行业命运的重大事项。所以,笔者认为,虽然以A省司法厅为代表的行政力量仅是表面上淡出了律师管理的某些方面,但实质上其仍主导着既可以由政府管理也可以由市场与社会自治的事务。

然而,在"两结合"管理体制中发挥越来越重要作用的A省律师协会并非完全意义上的行业自治组织。在20世纪80、90年代,A省律师协会会长长期由 A 省司法厅厅长兼任,其管理层(委员会)的大量职位也由 A 省司法厅工作人员担任,律师协会甚至长期与司法厅合署办公。虽然在 21 世纪初,A 省律师协会将办公机构搬离了 A 省司法厅,会长改由执业律师担任,但这一时期 A 省司法厅仍可以"指挥"律师协会管理律师行业——在这一时期,虽然 A 省司法厅管理的既可以由政府管理也可以由市场与社会自治的事务数量呈下降趋势,但 A 省律师协会的业务活动仍深受 A 省司法厅的影响,甚至在某种程度上成为 A 省司法厅意志的执行者(或者说作为行业自治组织的 A 省律师协会反过来被作为行政管理者的 A 省司法厅掌控)。虽然司法行政机关有"监督、指导"律师协会的权力,但已超出正常监督、指导的范畴,而 A 省律师协会亦因长期被 A 省司法厅掌控、同化,在组织结构、业务流程等方面逐渐向 A 省司法厅靠拢,亦日渐带有行政化的色彩。时至今日,虽然 A 省司法厅工作人员已全部退出 A 省律师协会管理层,但对律师协会的影响依然相当强——这亦成为 A 省司法厅律师管理职能履行过程中的又一个耐人寻味的现象。

同时,值得一提的是,在笔者调研过程中,A 省司法厅多次向笔者强调其在履职实践中组织律师开展了如"法律七进""公益服务日"等大型活动,这些大型活动取得了"很好的社会效果",受到了上级领导的高度赞扬。客观地讲,这些本是 A 省司法厅律师管理方面履职的小细节,对笔者的整体判断并无大碍。但经仔细观察后笔者发现,A 省司法厅实质上相当重视律师管理层面的这些活动,在每一年的工作报告中,此类活动皆排在前列或显眼的位置,而多数职能暂时无此"殊荣"。由此,笔者认为,尽管这是 A 省司法厅履职细节中的细节,但却能借此发掘一些机关单位维度的影响因素,特别是借此审视机关单位自身的想法。

(二)公证管理

公证是指"国家法定机构依据公民、法人或其他社会团体的申请,对其法律行为、有法律意义的事实和文书,依照法定程序,证明其真实性、合法性及可行性的一种活动"①。早在中华人民共和国成立初期就建立起了公证制度,并先后由法院(1954年之前)和司法行政机关(1954年之后)行使公证管理职能。在司法行政系统被撤销时,大多数公证机构也被撤销,公证业务数量大幅下滑,剩余公证机构则被并入法院,成为法院的职能部门,"文化大革命"爆发后,国内公证业务全面中断。1980年,重建后的司法部颁布了《关于逐步恢复国内公证业务的通知》,由此,公证制度开始恢复重建。1982年,国务院颁布了《公证暂行条例》(现已失效),规定公证机构是国家机关,受司法行政机关管理。1990年,中国公证员协会(现已更名为中国公证协会)成立,各省、市也相继成立了地方公证协会。行业协会开始辅助司法行政机关管理公证机构和公证员。2005年,《公证法》颁布,其第6条规定:"公证机构是依法设立,不以营利为目的,依法独立行使公证职能、承担民事责任的证明机构。"第5条规定:"司法行政部门依照本法规定对公证机构、公证员和公证协会进行监督、指导。"第4条第2款规定:"公证协会是公证业的自律性组织,依据章程开展活动,对公证机构、公证员的执业活动进行监督。"公证管理正式在规范上形成了与律师管理工作相似的行业自治与司法行政机关管理"两结合"的管理体制,省级司法行政机关亦行使与律师管理职能相近的监督、指导、惩戒公证员和公证机构,授予公证员资格,公证管理相关法规规章的制定等具体职权,再加上当前公证机构被部分学者和实务工作者定性为地方司法行政机关的直属事业单位②,因此,在公证管理层面,省级司法行政机关依然占主导地位,公证协会则是辅助司法行政机关履行职能的机构。同理,在公证管理层面,所谓"监督、指导",其内涵和外

---

① 程维荣编著:《当代中国司法行政制度》,学林出版社2004年版,第110页。
② 参见洪英:《国家治理现代化视阈下公证机构体制改革相关问题研究》,载《中国法律评论》2015年第1期,第226页。

延相当广泛,依现行《公证法》等法律法规的规定,省级司法行政机关只要不履行亲自提供公证服务(可以有直属的公证机构)等市场与社会行为,其所作所为皆可以归为监督、指导的范畴。而在20世纪80、90年代,依据当时的惯例,省级司法行政机关对外提供公证服务也是可以的。事实上,A省司法厅在公证管理方面于20世纪80、90年代确实通过直属公证机构对外提供过法律服务,直到20世纪90年代中期,公证机构与司法行政机关分离后,A省司法厅才回归一般的"监督、指导",即通过执业许可、考核、变更、注销、行政处罚、组织培训、制定行业规则、开展其他活动等方式管理公证行业,其职能的具体内容和履职方式基本是合乎规范的。至于与其他机关单位的关系,由于司法行政机关是唯一的公证管理机构,省级司法行政机关并不需要处理与其他机关单位的关系,因而这一层面也没有体现。

有数据显示,A省司法厅公证管理履职数据变化趋势与律师管理有不少相似之处。如图2.5所示,在1982年至1992年,A省司法厅完成的公证管理业务基本呈上升趋势,其数量增长了433%,而后自1994年起,A省司法厅完成的公证管理方面的业务(项目)数量便开始呈下降趋势。不过,A省司法厅公证管理方面的业务人员平均每个工作日的有效工作时间却未一直下滑,反而在一段时间内(1982年至1996年)由最初的4小时一路上升至7小时,而后才小幅下降并维持至当前的6小时(参见图2.6)。同样,A省司法厅公证管理方面的业务人员的工作强度也呈现先大幅上升后小幅下降并维持的趋势(参见表2.3),也是由最初的工作强度适中上升至工作强度大,再降为工作强度适中(2019年),不过在这一时期,A省司法厅公证管理方面的业务人员数量得以增加,在工作量得到稀释的情况下人均工作量依然维持不变,这就意味着实际的总工作量大体呈上升态势。如此,仅就数据而言,A省司法厅公证管理职能实际工作量基本呈先升后小幅下降再大体回升的态势,但总体上还是维持着适中至较高的水平。

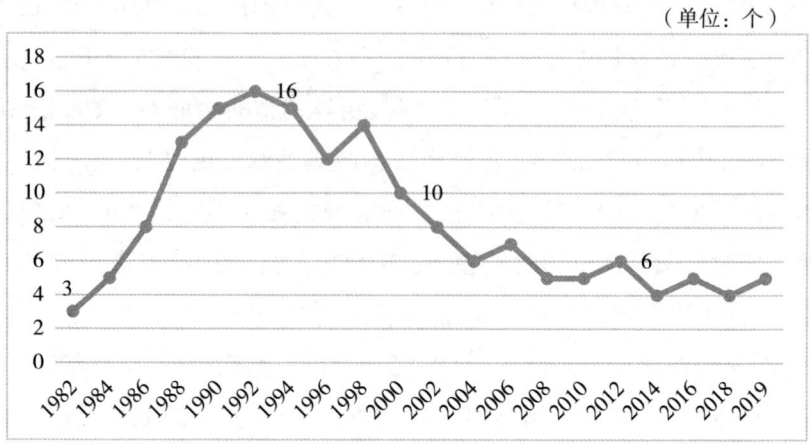

图 2.5　1982—2019 年 A 省司法厅完成的公证管理方面的业务(项目)数量

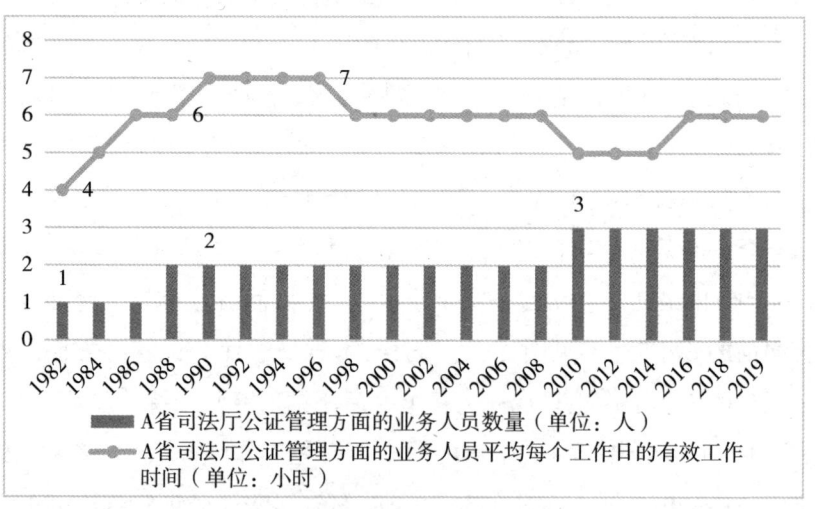

图 2.6　1982—2019 年 A 省司法厅公证管理方面的业务人员数量及业务人员平均每个工作日的有效工作时间

表 2.3 1982—2019 年 A 省司法厅公证管理方面的业务人员工作强度

时间	工作强度
1980 年	工作强度适中
1982 年	工作强度适中
1984 年	工作强度大,相对繁重
1986 年	工作强度大,相对繁重
1988 年	工作强度大,相对繁重
1990 年	工作强度大,相对繁重
1992 年	工作强度大,相对繁重
1994 年	工作强度大,相对繁重
1996 年	工作强度大,相对繁重
1998 年	工作强度适中
2000 年	工作强度适中
2002 年	工作强度适中
2004 年	工作强度适中
2006 年	工作强度适中
2008 年	工作强度适中
2010 年	工作强度适中
2012 年	工作强度适中
2014 年	工作强度适中
2016 年	工作强度适中
2018 年	工作强度适中
2019 年	工作强度适中

实践中,A 省司法厅公证管理职能的具体内容和履职方式在处理和市场与社会组织的关系层面的变迁与律师管理职能极其相似,同时

也成为影响其实际工作量变迁的直接因素。20世纪80年代，A省司法厅不仅履行了法律明确规定的只能由政府管理的事务以及没有特别明确规定的既可以由政府管理也可以由市场与社会自治的事务，还承担了大量本应由市场与社会自治却被政府管理的事务。具体而言，彼时A省司法厅不仅通过大量的业务培训、制定行业业务活动标准等方式完善公证行业，还通过特邀公证员、为公证机构提供财政支持乃至建立直属的公证机构等本应由市场与社会自治却被政府管理的事务来促进公证行业的发展壮大。可以说，与律师管理工作相似，彼时A省司法厅同样以行政力量直接推动市场与社会机制的发展。① 如此一来，20世纪80年代至90年代初，A省司法厅公证管理业务（项目）数量上升、业务人员保持较长有效工作时间、整体上工作强度大便是正常情况了。而后，随着公证行业逐渐形成规模，A省司法厅重建公证行业的步伐也慢了下来，本应由市场与社会自治却被政府管理的事务数量开始下降直到最终消失，与此同时，在公证行业的市场性和专业性提高后，A省司法厅很大程度上已无力管理既可以由政府管理也可以由市场与社会自治的事务（特别是技术相关事务）。于是，和律师管理履职方式的变迁过程相似，A省司法厅自20世纪90年代中期起便大量减少了自己管理的既可以由政府管理也可以由市场与社会自治的事务，特别是在A省公证员协会（后更名为A省公证协会）壮大后，A省司法厅在这方面的工作份额亦进一步限缩——此后，A省司法厅公证管理工作重复着与律师管理工作相似的轨迹，逐步将更多的既可以由政府管理也可以由市场与社会自治的事务（特别是技术相关事务）分配给公证协会，自己仅保留对一小部分事务的管理权（主要包括政治相关事务的职权），其业务数量和实际工作量开始下降。不过，在执业许可、考核、变更、注销和行政处罚等只能由政府

---

① 需要说明的是，虽然公证员和公证机构因其特殊属性被部分学者和实务工作者视为行政机制，但笔者倾向于将其视为市场与社会机制。

管理的事务方面,A省司法厅依然是法定的负责者,不过总体而言,其实际工作量还是保持了一种大体回升的态势,但在绝对数量上并不能与律师管理工作的趋势相比:除了执业许可、考核、变更、注销和行政处罚等只能由政府管理的事务,业务人员较少接到来自公证协会和公证机构的报告,也较少就公证行业提出的各种方案、规划、行业规则作出决策,其在形式上已将相当一部分既可以由政府管理也可以由市场与社会自治的事务(特别是技术相关事务)"让与"公证行业。究其原因,除公证行业市场化和专业化程度日益加深、A省司法厅日渐难以指导公证协会业务外,公证机构的事业单位性质也令A省司法厅相当"放心"。不论如何,笔者认为,A省司法厅公证管理工作履职状况变化趋势确实与律师管理工作相近(甚至很大程度上相同)。同时,笔者判断,在未来公证行业继续扩大且市场化和专业化程度继续加深的趋势下,以A省司法厅为代表的省级司法行政机关公证管理职能的实际工作量还有上升的空间,但业务(项目)数量会进一步下降。不过,即便如此,与律师管理工作相似,A省司法厅依然管理着既可以由政府管理也可以由市场与社会自治的政治相关事务并不时插手技术相关事务(特别是重大事项),A省司法厅实质上仍主导公证行业的管理活动。

同样,当前A省公证协会的状况与A省律师协会十分相似,A省司法厅工作人员同样"指导"A省公证协会履职,包括A省公证协会在内的A省地方公证协会同样深受地方司法行政机关的影响。在笔者看来,A省公证协会同样不是纯粹的行业自治组织。

(三)司法鉴定管理

从字面上看,司法鉴定是指鉴定在司法领域的运用,但法律意义上司法鉴定的定义却众说纷纭。[①] 2005年,我国发布了《全国人民代

---

① 参见任永安、卢显洋:《中国特色司法行政制度新论》,中国政法大学出版社2014年版,第392—393页。

表大会常务委员会关于司法鉴定管理问题的决定》，规定："司法鉴定是指在诉讼活动中鉴定人运用科学技术或者专门知识对诉讼涉及的专门性问题进行鉴别和判断并提供鉴定意见的活动。"司法鉴定被限定于诉讼活动中，由此，争论才逐渐平息。我国司法鉴定的历史虽然可以追溯到宋代①，但现代意义上的司法鉴定直到北洋政府时期才得以确立。中华人民共和国成立后至改革开放前，司法鉴定机构仅设在公安机关、检察机关和审判机关内部，各机构之间互不关联，自成体系，多处理本系统内部的鉴定事项，基本不为社会提供法律服务。改革开放后，公检法内部设立司法鉴定机构的体制在一段时间内得到了延续。但有所不同的是，改革开放后公检法机制外的司法鉴定机构开始出现，并逐渐成为法律服务市场的组成部分。1997年，司法部首次公告了面向社会提供法律服务且不属于公检法机关的八家司法鉴定机构（包括司法部司法鉴定科学技术研究所、中国政法大学司法鉴定中心、北京华夏物证鉴定中心等）②，司法行政机关也从此开始履行司法鉴定管理职能。2005年，《全国人民代表大会常务委员会关于司法鉴定管理问题的决定》发布，依照其第7条的规定，司法行政部门和法院设立的鉴定机构被撤销，公安机关和检察机关内设的鉴定机构也不再接受社会委托。2005年，司法部颁布了《司法鉴定机构登记管理办法》和《司法鉴定人登记管理办法》，2007年又颁布了《司法鉴定程序通则》（2016年修订），作为司法鉴定和司法鉴定管理的部门规章。依照这些规定，司法部、省级司法行政机关和受省级司法行政机关委托的市级司法行政机关负责司法鉴定人执业证书的审核、鉴定机构和鉴定人年检注册的审核、鉴定人的教育培训、业务指导以及违法违纪行为调查惩戒等工作，司法鉴定协会辅助司法行政机关开展管理活

---

① 参见孙业群：《司法鉴定制度改革研究》，法律出版社2002年版，第1页。
② 参见任永安、卢显洋：《中国特色司法行政制度新论》，中国政法大学出版社2014年版，第391页。

动,由此建立了全国性的规范、统一的司法鉴定管理体制。换句话讲,和律师管理、公证管理相同的是,司法鉴定管理领域依然实行司法行政机关管理与行业自治"两结合"的管理体制,同样是以司法行政机关为主,以行业协会为辅。省级司法行政机关司法鉴定管理的职权类似于律师管理和公证管理,即在"监督、指导"的名义下,只要省级司法行政机关不亲自设立司法鉴定机构、对外提供司法鉴定服务等市场与社会行为,即是合乎规范的。实践中,笔者发现,由于A省司法厅直到2002年才具有司法鉴定管理职能,因而A省司法厅并没有设立司法鉴定机构、对外提供司法鉴定服务的行为。其在此后的实践中通过执业许可、考核、变更、注销、行政处罚、组织培训、制定行业规则、开展其他活动等方式管理司法鉴定行业,其职能的具体内容和履职方式基本是合乎规范的。至于与其他机关单位的关系,由于司法行政机关是唯一的司法鉴定管理机构,省级司法行政机关并不需要处理与其他机关单位的关系,因而这一层面也没有体现。

从数据上看,A省司法厅司法鉴定管理工作的实际工作量变化趋势和公证管理工作相近。如图2.7所示,在2002年A省司法厅接手A省司法鉴定管理业务时,其完成的业务(项目)数量达到历年来的最高峰,此后,A省司法厅每年完成的业务(项目)数量开始下降,虽然中途有所反弹,但已无法达到2002年的水平。同时,如图2.8所示,A省司法厅司法鉴定管理方面的业务人员平均每个工作日的有效工作时间在下滑了一段时间后(2002年至2006年),基本维持在6小时。相应的,A省司法厅司法鉴定管理方面的业务人员的工作强度下降后也呈维持的趋势(参见表2.4),也是由2002年的工作强度大降为2004年的工作强度适中并一直维持在这一水平。不过,鉴于2010年业务人员数量增长后人均工作时间仍维持不变,笔者认为,总体上A省司法厅司法鉴定管理的实际工作量还是大体呈上升趋势。而由于相似点极多,笔者认为是与律师管理和公证管理类似或相同的原因导致司法鉴定管理工作数据呈现这种态势,即实际履职方式和职能具体内容的变化。

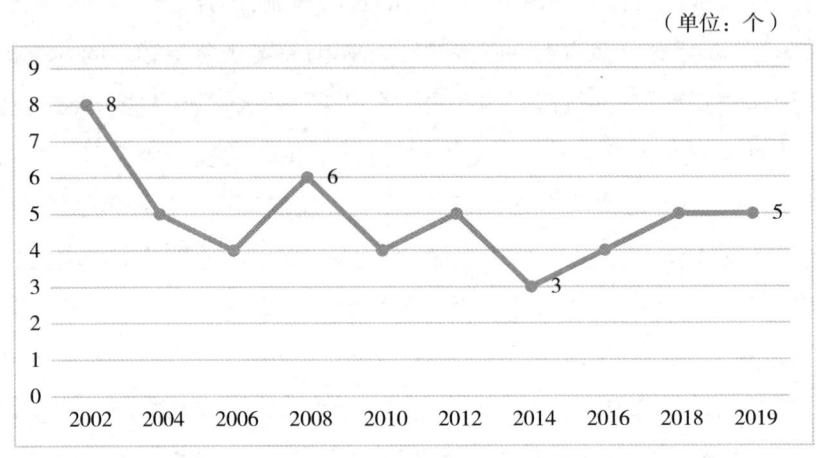

图2.7 2002—2019年A省司法厅司法鉴定管理方面完成的业务(项目)数量

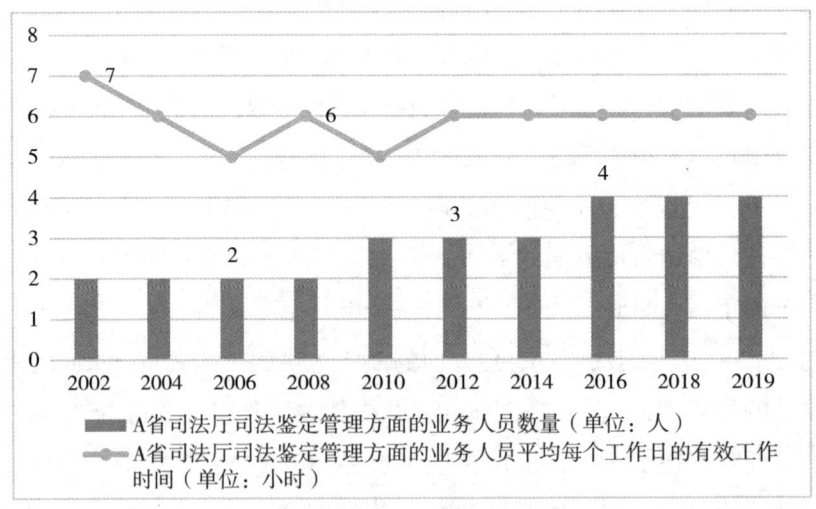

图2.8 2002—2019年A省司法厅司法鉴定管理方面的业务人员数量及业务人员平均每个工作日的有效工作时间

表 2.4　2002—2019 年 A 省司法厅司法鉴定管理方面的业务人员工作强度

时间	工作强度
2002 年	工作强度大,相对繁重
2004 年	工作强度适中
2006 年	工作强度适中
2008 年	工作强度适中
2010 年	工作强度适中
2012 年	工作强度适中
2014 年	工作强度适中
2016 年	工作强度适中
2018 年	工作强度适中
2019 年	工作强度适中

同理,A 省司法厅司法鉴定管理实际工作量的变迁与其处理和市场与社会组织的关系的变迁息息相关。2002 年 A 省司法厅接手 A 省司法鉴定管理工作之时,司法鉴定行业的市场性和专业性程度相当高,仅缺乏统一的管理和统一的标准。所以,在 A 省司法厅接手之时,除执业许可、考核、变更、注销和行政处罚等只能由政府管理的事务外,在本应由市场与社会自治却被政府管理的事务以及既可以由政府管理也可以由市场与社会自治的事务层面,其既没有像担任律师管理工作和公证管理工作那样的恢复重建任务和"保姆"角色,也缺乏管理司法鉴定正常业务所需的专业能力,彼时(2002 年)其所做的工作有:一是起草《A 省司法鉴定管理条例》这一地方性法规并争取省委、省人大的支持;二是协调与公检法机关的关系,说服它们让出司法鉴定管理权;三是摸排全省司法鉴定机构和司法鉴定执业人员情况。虽然这三类事务看似容易,但对 A 省司法厅而言,这些均非简单的工作(事实上,在我国政府系统中,协调平级单位间的关系、说服平级单位

出让权力等事务皆相当考验一个机关单位的综合能力），因此在2002年，A省司法厅相关业务人员的有效工作时间较长且工作强度大。从结果的角度看，A省司法厅2002年的努力没有白费。2002年7月，《A省司法鉴定管理条例》公布，A省司法厅正式取得了统一的司法鉴定管理权。《A省司法鉴定管理条例》通过后不久，A省司法鉴定协会成立，弥补了A省司法厅在司法鉴定管理方面专业技术能力的不足。于是，在A省司法厅的"授意"下，A省司法鉴定协会很快便接管了司法鉴定行业的大量既可以由政府管理也可以由市场与社会自治的事务（特别是技术相关事务）。在A省司法鉴定协会的努力下，《A省假肢与矫形器司法鉴定暂行办法》《关于规范产品质量司法鉴定的暂行办法》等统一的行业业务规范性文件公布实施，鉴定人继续教育工作开始进行，A省过去各自为政的司法鉴定管理工作终于走上正轨。与此同时，和律师管理、公证管理工作相似，因司法鉴定行业的市场性和专业性，无力大量介入市场与社会活动的A省司法厅司法鉴定管理部门主要通过管理执业许可、考核、变更、注销和行政处罚这些只能由政府管理的事务以及少量既可以由政府管理也可以由市场与社会自治的事务（以全面落实党对司法鉴定行业的领导等政治相关事务为主，以技术相关事务为辅）的方式管理A省司法鉴定行业。如此一来，A省司法厅司法鉴定管理方面的业务（项目）数量在2002年后走低、业务人员的有效工作时间和工作强度在下降一小段时间后维持在适中的水平便不足为奇了，在司法鉴定行业市场性和专业性极高的前提下，A省司法厅一般是很难对既可以由政府管理也可以由市场与社会自治的事务（特别是技术相关事务）进行管理的。如是，在司法鉴定管理层面，尽管实际工作量缓慢增长，但以A省司法厅为代表的司法行政机关司法鉴定管理职能目前仅能被认为工作量适中，还未达到满负荷运转的状态。由此，笔者判断，在司法鉴定行业扩大且市场化和专业化程度继续加深的趋势下，以A省司法厅为代表的司法行政机关司法鉴定管理职能的实际工作量还有上升的空间,但业务(项目)数量会进一步下降,业务的单一化不可避免。然而,与公证管理工作相似,A省司法厅依然管理着既可以由政府管理也可以由市场与社会自治的政治相关事务,并不时插手技术相关事务(特别是重大事项),A省司法厅实质上仍主导司法鉴定行业的管理活动。同理,与A省律师协会和A省公证协会相似,A省司法鉴定协会并非纯粹的行业自治组织,A省司法厅工作人员同样"指导"A省司法鉴定协会履职,A省司法鉴定协会等地方行业协会亦深受地方司法行政机关的影响。

(四)基层法律服务管理

基层法律服务是我国特有的一项制度。从学理的角度出发,当前学术界对基层法律服务的内涵界定的重心主要以"基层"为对象。"基层"是指县级层次上的县(市、区)以及它们的行政下级(乡、镇、街道办事处)和司法派出机构所辖的区域。① 而"基层"的"法律服务"则是指特定的司法组织专门针对基层和有关涉基层法律事务的当事人,为维护其合法权益或满足其一定法律事务需求所进行的活动。② 在这层意义上,基层法律服务的主体相当宽泛,律师事务所、司法所、基层法律服务所、法律援助机构、人民调解委员会都可能成为基层法律服务的提供者。尽管学术界对基层法律服务作出广义解读,但实践中司法行政机关所称的基层法律服务范围似乎缩小了很多。通常意义上,司法行政机关理解的基层法律服务起源于20世纪80年代我国部分地区探索式建立的乡镇法律服务机构和街道法律服务机构。1986年,司法部发出通知,要求全国各地司法行政机关创造条件,抓紧建立基层法律

---

① 参见傅郁林主编:《农村基层法律服务研究》,中国政法大学出版社2006年版,第4页。
② 参见张立平:《我国农村法律服务的历史与转型》,中国法制出版社2006年版,第3页。

服务所。① 随后在1987年发布了《司法部关于乡镇法律服务所的暂行规定》(现已失效),正式提出建立由县级司法行政机关指导的乡镇法律服务所。2000年,司法部又发布了《基层法律服务所管理办法》(2017年修订)和《基层法律服务工作者管理办法》(2017年修订),对1987年的部门规章进行了修正补充。《基层法律服务所管理办法》第2条规定:"基层法律服务所是在乡镇和街道设立的法律服务组织,是基层法律服务工作者的执业机构。"《基层法律服务工作者管理办法》第2条规定:"符合本办法规定的执业条件,经司法行政机关核准取得《基层法律服务工作者执业证》,在基层法律服务所执业,为社会提供法律服务的人员,是基层法律服务工作者。"《基层法律服务所管理办法》第3条规定:"基层法律服务所按照司法部规定的业务范围和执业要求,面向基层的政府机关、基层群众性自治组织、企业事业单位、社会组织和承包经营户、个体工商户、合伙组织以及公民提供法律服务,维护当事人合法权益,维护法律正确实施,促进社会稳定、经济发展和法治建设。"由此可见,当前司法行政机关所理解的基层法律服务仅限于基层法律服务所和基层法律服务工作者提供的法律服务,在内容上与律师工作相似,除不能办理刑事案件外,几乎包含律师全部业务范围。② 但基层法律服务工作者不具有律师身份,是与律师平行的、受国家认可的职业资格。虽然实践中有不少律师面向基层提供法律服务,但在司法行政机关看来,这是律师执业活动范畴,归律师工作部门管理,不属于基层法律服务。当前的基层法律服务行业尚无相关行业协会,无论是基层法律服务工作者还是基层法律服务所,皆仅受司法行政机关管理。依照现行部门规章,基层法律服务行业准入、考核、注销、变更等具体事务主要由县级和市级司法行政机关执行,省级司

---

① 参见程维荣编著:《当代中国司法行政制度》,学林出版社2004年版,第157页。
② 参见任永安、卢显洋:《中国特色司法行政制度新论》,中国政法大学出版社2014年版,第292页。

法行政机关总揽下级司法行政机关的事务，同时对全省基层法律服务行业进行指导、监督（管理）。而在2000年以前，依照《司法部关于乡镇法律服务所的暂行规定》，县级司法行政机关还具有批准设立并指导基层法律服务所的职权，省级司法行政机关同样总揽这一事务。总而言之，尽管没有"两结合"的管理体制，但在基层法律服务管理层面，省级司法行政机关同样行使与律师管理、公证管理和司法鉴定管理工作相似的职能，即在范围极广的"监督、指导"的名义下，20世纪80、90年代，省级司法行政机关在基层法律服务行业基本可以"为所欲为"，而在2000年以后，除设立基层法律服务所，对外提供基层法律服务等市场与社会行为外，省级司法行政机关理论上可以管理基层法律服务行业的一切事务。事实上，A省司法厅基层法律服务管理职能的具体内容和履职方式基本如规范所规定的那样，通过总揽执业许可、考核、变更、注销、行政处罚、组织培训、制定行业规则、开展其他活动等方式管理基层法律服务行业，在2000年以前，还包括总揽全省基层法律服务所设立，基层法律服务所对外提供服务这一内容，其职能的具体内容和履职方式基本是合乎规范的。至于与其他机关单位的关系，由于司法行政系统是唯一的基层法律服务管理机构，省级司法行政机关基本不需要处理与其他机关单位的关系，因而这一层面也没有体现。

就A省司法厅的基层法律服务管理工作而言，从数据的角度看，其与律师管理、公证管理和司法鉴定管理工作既有相似之处也有不同之处。如图2.9所示，在1986年至2000年，A省司法厅基层法律服务管理方面完成的业务（项目）数量同样随时间的推移呈大幅上升的趋势，涨幅为300%。而在2000年之后A省司法厅基层法律服务管理方面开展的业务（项目）数量总体呈下降趋势，由2000年的24个项目直降至2016年的3个，在绝对数量上甚至达不到1986年的水准。然而与律师管理、公证管理和司法鉴定管理不同的是，A省司法厅基层法律服务管理方面业务人员的数量、有效工作时间和工作强度基本呈倒"V"字态势，如图

2.10 和表 2.5 所示,在 20 世纪 80、90 年代和 21 世纪初的一段时间内,A 省司法厅基层法律服务管理方面无论是业务人员数量还是业务人员平均每个工作日的有效工作时间,甚至业务人员工作强度均处于上升态势,这说明在 20 世纪 80、90 年代和 21 世纪初的一段时间内,A 省司法厅基层法律服务管理的实际工作量不断增加,并在 2000 年前后到达基本饱和的状态。2000 年之后,随着 A 省司法厅基层法律服务管理方面完成的业务(项目)数量的下降,A 省司法厅基层法律服务管理方面的业务人员数量也开始下降,由高峰时期的 5 人一直降到 2018 年的 1 人,有效工作时间亦从高峰时期的平均每个工作日 7 小时降至 2016 年的平均每个工作日 4 小时,工作强度也由高峰时期的工作强度大最终降为工作强度一般。如此,各项指标所反映的趋势基本一致,笔者亦判断,进入 21 世纪后 A 省司法厅基层法律服务管理工作的实际业务量不断下降,最终达到一个相对较低的水平。如此,至少目前看来,A 省司法厅基层法律服务管理职能的实际工作量没有律师管理、公证管理和司法鉴定管理的工作量大。

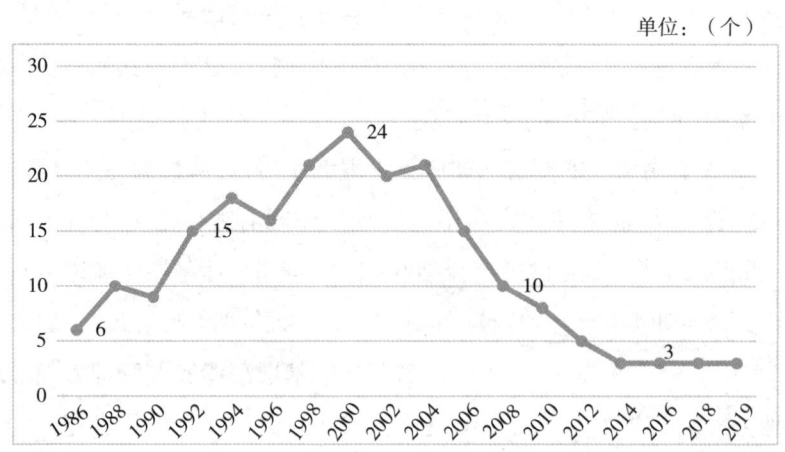

图 2.9　1986—2019 年 A 省司法厅基层法律服务管理方面完成的业务(项目)数量

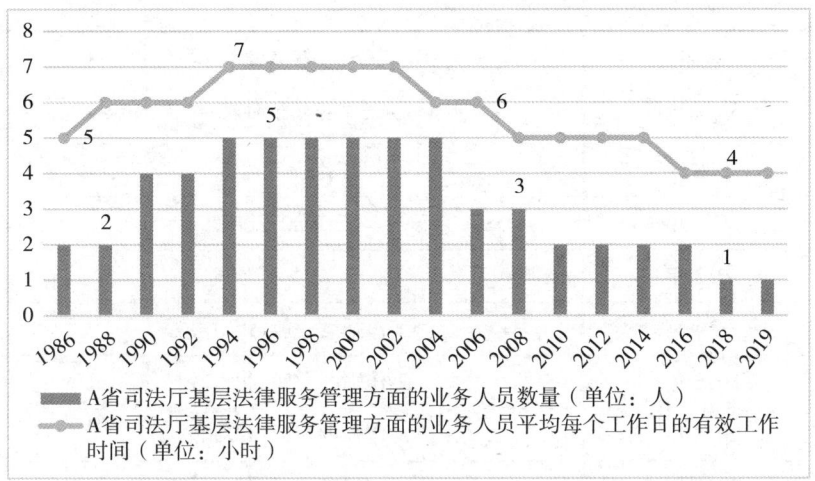

图 2.10　1986—2019 年 A 省司法厅基层法律服务管理方面的业务人员数量及业务人员平均每个工作日的有效工作时间

表 2.5　1986—2019 年 A 省司法厅基层法律服务管理方面的业务人员工作强度

时间	工作强度
1986 年	工作强度大,相对繁重
1988 年	工作强度大,相对繁重
1990 年	工作强度大,相对繁重
1992 年	工作强度大,相对繁重
1994 年	工作强度大,相对繁重
1996 年	工作强度大,相对繁重
1998 年	工作强度大,相对繁重
2000 年	工作强度大,相对繁重
2002 年	工作强度适中
2004 年	工作强度适中

(续表)

时间	工作强度
2006 年	工作强度适中
2008 年	工作强度适中
2010 年	工作强度适中
2012 年	工作强度适中
2014 年	工作强度一般,相对轻松
2016 年	工作强度一般,相对轻松
2018 年	工作强度一般,相对轻松
2019 年	工作强度一般,相对轻松

同理,A 省司法厅基层法律服务管理实际工作量的变迁与其处理和市场与社会组织关系的变迁息息相关。客观地讲,我国基层法律服务制度并非完全是市场产物。如前文所述,我国基层法律服务行业的发展壮大与司法行政机关有很大的关系,即司法行政机关直接筹建了基层法律服务所,组建了最初的基层法律服务工作者队伍,并一路推动其发展壮大。虽然在律师制度和公证制度恢复重建时期,司法行政机关也直接主导、参与了建立律师、公证工作机构和队伍的工作,但与司法行政机关给予基层法律服务行业的资源相比,律师行业和公证行业明显相形见绌——事实上,基层法律服务所和司法所长期是"两块牌子、一套人马",司法所工作人员长期兼有基层法律服务工作者的身份,也开展基层法律服务业务。① 基层法律服务所也通过司法所这层"体制内"的通道,长期享受司法行政机关人、财、物的支持。具体到 A 省而言,20 世纪 80、90 年代,A 省是农业大省,农村人口占全省人口的

---

① 有学者研究指出,司法所和基层法律服务所合并的体制在 20 世纪 80、90 年代的中国农村相当普遍。参见傅郁林:《中国基层法律服务状况的初步考察报告——以农村基层法律服务所为窗口》,载《北大法律评论》2004 年第 1 期,第 90 页。

90%，而彼时A省执业律师数量相当少，绝大多数执业律师都集中在经济相对发达的大城市，欠发达的城镇和农村地区几乎没有执业律师踏足，农民和部分居民的法律服务需求得不到满足，部分投机分子也乘虚而入，以"公民代理"的身份扰乱法律服务市场秩序，肆意侵害民众的合法权益——这成为20世纪80、90年代影响A省基层社会稳定的重要因素之一。如此A省司法厅在20世纪80年代除正常处理只能由政府管理的事务以及既可以由政府管理也可以由市场与社会自治的事务外，利用司法部提倡建立基层法律服务所的契机，通过组织培训基层法律服务工作者（以专业技术培训为主）、直接或协助建立基层法律服务所、安排基层法律服务工作者入驻等方式主导全省基层法律服务制度建设工作，处理大量本应由市场与社会自治却被政府管理的事务，这成为那个时期A省司法厅履职的主要方式。随后，如同律师管理和公证管理履职方式的变化趋势一般，当A省基层法律服务行业初具规模时，A省司法厅的工作量开始上升，其不仅继续处理对基层法律服务行业进行执业许可、考核、变更、注销和行政处罚这些只能由政府管理的事务以及既可以由政府管理也可以由市场与社会自治的事务（以技术相关事务为主），直接建设基层法律服务行业的工作（本应由市场与社会自治却被政府管理的事务）也未停下，A省司法厅在扮演基层法律服务行业管理者的同时继续扮演基层法律服务行业的直接建造者：一方面，由于彼时基层法律服务行业的专业性和市场性程度并没有律师行业和公证行业那么高，A省司法厅及其下属的司法行政机关尚能在不少方面插手；另一方面，由于司法所和基层法律服务所合并的现象普遍存在，基层法律服务行业也在很大程度上被视作司法行政系统的一部分，A省司法厅及其下属的司法行政机关自然是"千般照顾"。于是，在A省司法系统对基层法律服务行业相对细致的建设和管理等因素的作用下，A省基层法律服务行业于20世纪80年代末进入黄金时期，A省司法厅基层法律服务管理职能的实际工作量亦于这一时期上升并维持在较高的水平。然而这种长期涉足本应由市场与社会自治却被政府管理的事务的行为终不会长久持续,在各方的压力下,司法部于2000年下发通知要求司法所与基层法律服务所脱钩。从那时起,A省司法厅及其下属的司法行政机关对基层法律服务行业人、财、物的支持也逐渐减少,直到2006年完全实现了A省司法行政系统与基层法律服务行业脱钩。在失去了行政力量的庇护后,市场规律的作用很快体现出来,本身就存在各种"先天不足"的基层法律服务行业很快便淹没在市场的大潮中,其有限的市场份额被不断发展壮大的律师行业挤占,而本身营利能力有限的特性亦加速了衰落。于是,2000年以后,A省基层法律服务行业开始走下坡路。在这一背景下,A省司法厅建立基层法律服务所、扩充基层法律服务工作者队伍等本应由市场与社会自治却被政府管理的事务的管理活动随之停止,且执业许可、考核、变更、注销和行政处罚这些只能由政府管理的业务数量也大幅减少。如此,自2000年以后,A省司法厅基层法律服务管理方面完成的业务(项目)数量、业务人员平均每个工作日的有效工作时间、业务人员的工作强度的日益降低便再正常不过了。同时,由于意识到基层法律服务行业已是夕阳行业,A省司法厅亦主动减少了在这方面的投入,不仅主动减少了既可以由政府管理也可以由市场与社会自治的事务(减少的主要是技术相关事务),亦减少了相关工作人员的数量,这就使得A省司法厅基层法律服务行业管理职能的实际工作量进一步减少,并最终形成了当前的格局。时至今日,A省司法厅在执业许可、考核、变更、注销和行政处罚这些只能由政府管理的事务的数量还在以肉眼可见的速度减少,在既可以由政府管理也可以由市场与社会自治的事务层面,其已基本不管理基层法律服务行业技术相关事务,而全面落实党对基层法律服务行业的领导等政治相关事务虽未大幅变化,但对实际工作量的改变影响不大,整个司法厅呈现出放任基层法律服务行业自生自灭的态度。由此,笔者判断,在未来基层法律服务行业进一步衰落的趋势下,以 A 省司法厅为代表的司法行政机关基层法律服务行业管理的业务(项目)数量和整体实际工作量将进一步下降。即便如此,A 省司法厅管理基层法律服务行业既可以由政府管理也可以由市场与社会自治事务的权力仍然存在,只要 A 省司法厅愿意,其随时可介入技术相关事务或政治相关事务,因而笔者认为,A 省司法厅实质上仍主导着基层法律服务行业管理活动。

值得一提的是,尽管 A 省司法厅基层法律服务管理职能实际工作量的变化情况以及具体原因与律师管理、公证管理和司法鉴定管理有所不同,但笔者认为它们在本质上依然是一致的,即都基于市场与社会的发展变化。在行政力量表面上淡出,市场与社会机制开始发挥作用后,A 省司法厅的业务(项目)数量和业务人员平均每个工作日的有效工作时间均减少了。

(五)人民调解管理

调解在我国拥有悠久的历史。在政府权力难以深入乡镇的古代和近代,基层纠纷解决基本由民间势力把控,而调解便是其重要形式之一。即便是在中华人民共和国成立后,民间调解在很长一段时间内依然是基层纠纷解决的主要方式,这种由"中立的第三方依据一定的原则、规则,居中斡旋,在双方当事人自愿的基础上达成协议,化解纠纷的方法"[1],以其方便快捷的优势在域外法治发达国家一度被称为"东方经验"[2]。虽然民间自发的调解活动在我国一直延绵不绝,但受政府指导的、现代法律服务意义上的人民调解制度直到民国时期才开始出现,后被发扬光大。1954 年,我国颁布了《人民调解委员会

---

[1] 任永安、卢显洋:《中国特色司法行政制度新论》,中国政法大学出版社 2014 年版,第 215 页。

[2] 参见宋太郎:《试论人民调解的概念》,载《中国法学》1987 年第 3 期,第 32 页。

暂行组织通则》，这是中华人民共和国成立后第一部有关人民调解制度的法规，人民调解的宗旨、组织、原则和工作方法由此确立。但如前文所述，中华人民共和国成立初期人民调解管理的职能并不归属司法行政系统，直到1980年国务院批转司法部《关于全国司法行政工作座谈会的报告》，人民调解才明确与司法行政系统挂钩。1980年后，有关人民调解的法律法规如雨后春笋般涌现，1982年的《宪法》和《民事诉讼法（试行）》等法律法规均将人民调解制度作为我国的一项基本纠纷解决制度。1989年国务院发布了《人民调解委员会组织条例》，1990年司法部发布了《民间纠纷处理办法》，对人民调解制度进行了补充规定。2010年《人民调解法》颁布，这是我国第一部专门、系统地规范人民调解的法律，是我国人民调解制度建设史上的里程碑。①

《人民调解法》第2条规定："本法所称人民调解，是指人民调解委员会通过说服、疏导等方法，促使当事人在平等协商基础上自愿达成调解协议，解决民间纠纷的活动。"第5条规定："国务院司法行政部门负责指导全国的人民调解工作，县级以上地方人民政府司法行政部门负责指导本行政区域的人民调解工作。基层人民法院对人民调解委员会调解民间纠纷进行业务指导。"也就是说，当前人民调解制度仍实行司法行政机关与法院共同管理的体制（这一点在1989年的《人民调解委员会组织条例》中就已明确），而依据2002年《最高人民法院、司法部关于进一步加强新时期人民调解工作的意见》和2004年《最高人民法院、司法部关于进一步加强人民调解工作切实维护社会稳定的意见》，法院系统与司法行政系统实质上在某些方面是相互配合的关系，即在业务指导方面法院系统和司法行政系统相互配合、共同管理人民调解，至于业务指导以外的其他

---

① 参见任永安、卢显洋：《中国特色司法行政制度新论》，中国政法大学出版社2014年版，第222页。

方面,则由司法行政系统单独负责。① 换句话讲,虽然司法行政机关不是唯一的管理者,却是人民调解的主要管理者——从法律规定上看,省级司法行政机关所谓的"指导"包括研究制定有关人民调解工作的规定并督查落实、开展对人民调解员的业务培训、落实相关经费保障、统计人民调解委员会工作等事务,总体而言,与省级司法行政机关律师管理、公证管理、司法鉴定管理和基层法律服务管理职能有不少相似之处,唯一的区别就在于省级司法行政机关不能直接设立人民调解委员会、对外提供人民调解服务,也不负责人民调解员执业许可、变更、注销和行政处罚。那么A省司法厅人民调解管理职能的具体内容是否符合规范呢?事实上,A省司法厅三十余年间主要通过帮助建立人民调解委员会、协助选任人民调解员、制定人民调解行业相关规则、培训人民调解员等方式完成人民调解管理工作,基本与彼时和现行的规范相吻合。而在与其他单位关系的处理层面,如前文所述,人民调解行业受法院和司法行政机关的双重指导,且双方理论上是相互配合的关系。经笔者调研,实践中,A省司法厅确实依照《最高人民法院、司法部关于进一步加强新时期人民调解工作的意见》等规范性文件的规定,在人民调解员业务指导方面与法院系统建立了沟通渠道并相互配合,如共同组织培训等活动。双方虽不能分主次,但在合作履职层面并不存在明显的矛盾。由此,笔者认为,在人民调解管理层面,A省司法厅与其他单位的关系的处理是合规且无冲突的。

在各项履职指标的变化趋势方面,A省司法厅人民调解管理职能与其他法律服务管理类职能十分相近。如图2.11所示,1980年至2019年,A省司法厅人民调解管理方面完成的业务(项目)数量与同期A省人民调解员数量变化基本呈相同的趋势,即先上升后降低(同样是在1996年前后到达巅峰,也同样是自1998年起开始下降)。同

---

① 参见范愉:《〈中华人民共和国人民调解法〉评析》,载《法学家》2011年第2期,第4页。

样,综合图2.12和表2.6来看,在20世纪80年代和90年代前中期,A省司法厅人民调解管理方面的业务人员平均每个工作日的有效工作时间均保持着6~7小时的水平,即使中途业务人员数量有所增加,其有效工作时间也未大幅减少。同期业务人员工作强度也大体保持不断递增的趋势。因此,笔者判断,至少在这一时期,A省司法厅人民调解管理职能的实际工作量是比较大的。随着时间的推移,在业务人员数量不变的情况下,业务人员有效工作时间于1998年后开始下降。不久后(2006年起),A省司法厅人民调解管理方面的业务人员数量也开始减少,而业务人员平均每个工作日的有效工作时间和工作强度也进一步下降。截至2019年,A省司法厅人民调解管理方面的业务人员仅余2人(巅峰时期的一半),平均每个工作日的有效工作时间也仅有5小时,其工作强度一般。对此,笔者认为,自20世纪90年代末起,A省司法厅人民调解管理职能的实际工作量大体呈下降趋势,并在进入21世纪后跌到一个较低的水平。所以,所谓的业务量大、任务繁重,在人民调解管理方面是不成立的。

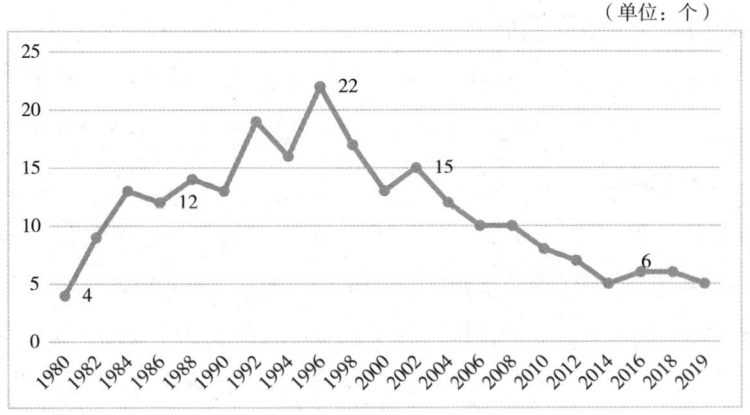

图2.11　1980—2019年A省司法厅人民调解管理方面完成的业务(项目)数量

第二章 省级司法行政机关履职的实证图景 | 097

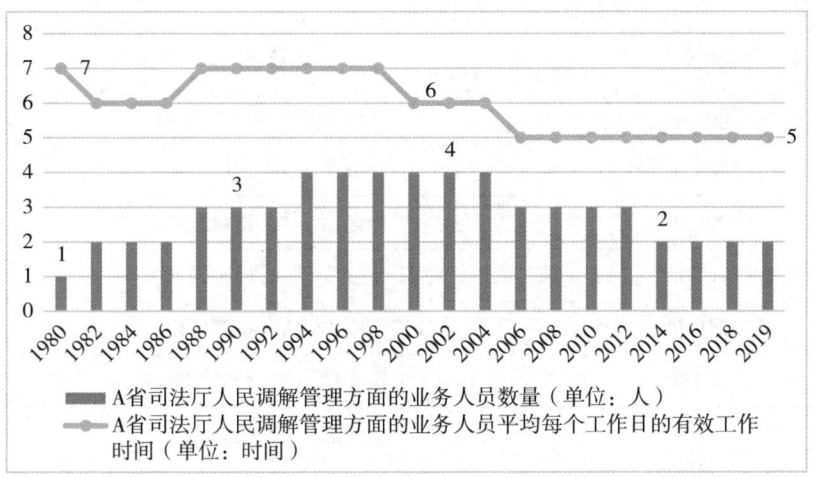

图 2.12 1980—2019 年 A 省司法厅人民调解管理方面的业务人员数量及业务人员平均每个工作日的有效工作时间

表 2.6 1980—2019 年 A 省司法厅人民调解管理方面的业务人员工作强度

时间	工作强度
1980 年	工作强度适中
1982 年	工作强度适中
1984 年	工作强度适中
1986 年	工作强度适中
1988 年	工作强度大,相对繁重
1990 年	工作强度大,相对繁重
1992 年	工作强度适中
1994 年	工作强度大,相对繁重
1996 年	工作强度大,相对繁重
1998 年	工作强度大,相对繁重
2000 年	工作强度大,相对繁重

(续表)

时间	工作强度
2002 年	工作强度大,相对繁重
2004 年	工作强度适中
2006 年	工作强度一般,相对轻松
2008 年	工作强度一般,相对轻松
2010 年	工作强度一般,相对轻松
2012 年	工作强度一般,相对轻松
2014 年	工作强度一般,相对轻松
2016 年	工作强度一般,相对轻松
2018 年	工作强度一般,相对轻松
2019 年	工作强度一般,相对轻松

同理,A 省司法厅人民调解管理职能的实际工作量的变迁与其处理和市场与社会组织关系的变迁息息相关。尽管 1980 年至 2019 年期间法律规定在本质上变化不大,但与律师管理、公证管理、司法鉴定管理和基层法律服务管理工作相似,A 省司法厅人民调解管理职能的履职方式和具体内容在 1980 年至 2019 年期间有较大变化。在 20 世纪 80 年代初 A 省司法厅刚接手人民调解管理工作时,尽管不少事务(如人民调解委员会的设立、人民调解员的选任)与司法行政机关没有直接关系,但 A 省司法厅还是怀有极大的热情,将推进人民调解组织建设视为己任,不仅通过直接或间接的手段敦促地方政府尽快建立人民调解委员会,还亲自组织或参与人民调解员的选任工作,直接或间接处理了大量本应由市场与社会自治却由政府管理的事务。除设立人民调解委员会和选任人民调解员外,同期 A 省司法厅还时常处理既可以由政府管理也可以由市场与社会自治的事务,特别是人民调解管理技术相关事务,如制定人民调解委员会内部运行规则和人民调解员

的办事流程模板,供全省人民调解委员会和人民调解员学习参考,帮助解决人民调解组织和人民调解委员会遇到的具体业务问题等。这便是20世纪80年代和90年代前中期A省司法厅人民调解管理方面的实际工作量维持较高水平的原因。到了20世纪90年代后期,随着A省人民调解制度的完善,A省司法厅帮助设立人民调解委员会、帮助选任人民调解员等本应由市场与社会自治却由政府管理的事务的进程明显慢了下来,并最终消失,其实际工作量亦开始减少。但由于大量既可以由政府管理也可以由市场与社会自治的事务以及只能由政府管理的事务的存在,减少的幅度相对较小,实际工作量仍维持在一个较高的水平。不过,人民调解制度的繁荣终未持续太久,在多种社会因素的作用下,我国人民调解制度开始衰落(虽然有早期研究指出,人民调解制度在2002年后有所复兴,但后续的研究基本推翻了这一说法——我国人民调解制度总体上经历了十余年的衰落期,并在这之后维持着稳定而式微的水平,并未实现真正意义上的反弹[①]),在这一背景下,A省司法厅"靠山吃山,靠水吃水"的人民调解管理职能的实际工作量自然也就跟着下降了。特别是在意识到人民调解制度已经式微的情况下,A省司法厅在人民调解方面的资源投入亦如在基层法律服务管理方面的举措一般,自然而然地有所减少,主要集中在既可以由政府管理也可以由市场与社会自治的事务领域(而在人民调解管理技术相关事务、政治相关事务方面的投入基本未变),业务人员数量也随之减少。如此,1998年后,A省司法厅人民调解管理方面的实际工作量逐年下降即是正常情况。总而言之,笔者认为,A省司法厅人民调解管理工作因市场与社会的发展变化而导致其履职方式、具体内容的变化,进而造成实际工作量的变化。如果未来人民调解行业进一步萎缩,人民调解管理职能的实际工作量还可能继续下降。不

---

① 参见兰荣杰:《人民调解:复兴还是转型?》,载《清华法学》2018年第4期,第111页。

过，与基层法律服务管理工作相似，A省司法厅管理人民调解行业既可以由政府管理也可以由市场与社会自治事务的权力仍然存在，只要A省司法厅愿意，其随时可介入技术相关事务或政治相关事务，因而，笔者认为，A省司法厅实质上仍主导着人民调解行业的管理活动。

（六）仲裁机构登记

省级司法行政机关在法律服务管理方面的最后一项职能便是仲裁机构登记。虽然学术界目前对我国仲裁机构的看法不一，但其被定位为民间性质的机构是不容置喙的。① 《仲裁法》（2017年修正）第14条规定："仲裁委员会独立于行政机关，与行政机关没有隶属关系。仲裁委员会之间也没有隶属关系。"因此解决当事双方涉法纠纷的仲裁在广义上属于有偿法律服务。对司法行政机关而言，1994年颁布的《仲裁法》即规定，设立仲裁委员会，应当经省、自治区、直辖市的司法行政部门登记。如此，仲裁机构登记便成为省级司法行政机关独特的职能。

然而在A省司法厅的实践中，仲裁机构登记并非其重要职能，因为《仲裁法》赋予司法行政机关的权限相当有限，仅是形式审查仲裁委员会是否具备成立的要件（包括名称、住所、章程、必要的财产、组成人员和仲裁员），若满足要件便予以登记，这项职能亦履行完毕。司法厅并不具备实际调查仲裁委员会成立要件的条件，只要对方提交了足够的证明材料，便可以"通过"。如此看来，司法行政机关在这一方面空有形式登记，而无实质管理，以至于A省司法厅既未指定专门负责仲裁机构登记的机构或工作人员，亦未将仲裁机构登记工作列入每年的工作总结中，仅在内设机构职能分配表上才有所体现。因此，在后文中，笔者不再将仲裁机构登记作为省级司法行政机关的主要职能加以

---

① 参见陈福勇：《我国仲裁机构现状实证分析》，载《法学研究》2009年第2期，第82页。

论述。

二、法律服务提供类职能的履行状况

如前文所述,尽管有学者认为,法律服务行业应以律师行业为标准进行划分,法律服务也应围绕律师服务展开。但在笔者看来,法律服务本质上是对涉及法律问题的人提供专业的法律帮助,其内涵和外延极广。而司法行政系统的职能分类也在很大程度上印证了笔者的判断——凡是向公众提供涉及法律服务的事务,皆可被归入公共法律服务大类中。除前文所述的管理市场与社会组织提供的法律服务的职能外,省级司法行政机关也具有直接向公众提供法律服务的职能——这是现代政府必备的职权,在本书中,笔者称此小类职能为法律服务提供。省级司法行政机关法律服务提供类职能包含法制(治)宣传和司法协助两项。

(一)法制(治)宣传

对于法制(治)宣传,有学者将其称为法律普及,是指通过一定的方式和途径使法律能够为广大民众所知悉。我国的法制(治)宣传制度是"以政府为主导、通过各种传播途径向全体公民说明、讲解法律知识,以提高全体公民的法律意识和法律素质,推进依法治理工作,为社会主义建设大局服务,为最终实现社会主义法治国家的目标服务的一项制度"[①]。尽管我国法制(治)宣传活动有多个党政部门参与,但在实践中,司法行政机关往往占主要地位,是法制(治)宣传的重要规划者和实施者——整个政府系统中,除原政府法制办公室外,也

---

① 任永安、卢显洋:《中国特色司法行政制度新论》,中国政法大学出版社 2014 年版,第 493 页。

仅有司法行政系统设有专门的法制(治)宣传机构、以法制(治)宣传为主要职能。客观地讲,对于法制(治)宣传职能的具体内容和履职方式,并没有既定的规则,理论上只要是宣传法制(治),就符合法制(治)宣传规范。然而事实上,法制(治)宣传是有既定规则的,其集中体现为每五年制订一次普法计划,宣传什么、由谁宣传、如何宣传皆由该计划决定。自1986年起,包括省级司法行政机关在内的所有单位法制(治)宣传皆在"一五"至"七五"普法计划的安排下进行。依照每次普法计划的安排,所有参与普法的机关单位是相互配合的关系。因而在机关单位维度,省级司法行政机关法制(治)宣传职能不仅受机关单位自身的制约,还受其他机关单位的影响。同时需指出的是,尽管政治色彩已不如中华人民共和国成立初期那样浓厚,但当代我国法制(治)宣传也非完全的技术宣传或法律普及,仍带有很大的政治宣传成分,自"一五"普法开始;党和国家的法制(治)思想便是司法行政机关每一次普法活动的重点宣传内容。而在第十八届四中全会后,这一内容在普法工作中的重要性显著增强,在某种程度上其受重视程度甚至有超过技术宣传的趋势。因此,如前文所述,法制(治)宣传职能成为除法律服务管理类职能以外,为数不多的在履职细节层面可以直接透视党和国家的影响的职能。

实践中,A省司法厅设立了专门的法制(治)宣传部门(2018年司法行政机构改革前的法制宣传处及改革后的普法与依法治理处),专门负责法制(治)宣传工作。由于司法行政系统本身就是"一五"至"七五"普法计划的制订者,因此A省司法厅严格依照该计划进行法制(治)宣传。宣传的形式既有口头宣传、文字宣传和文艺宣传等传统模式,也有综合运用互联网和新媒体宣传等创新形式,宣传的内容既有一般的法律知识也有社会主义法治理论。而在"一五"至"七五"普法计划的指引下,其他相关单位(多为司法机关)也基本配合A省司法厅法制(治)宣传部门的工作。由此可见,仅从机关单位维度的角度讲A省司法厅的法制(治)宣传职能,无论是实际履职还是与其他单位的关系处理均大体符合规范。不过,正如前文所述,因为有政治内容的存在,法制(治)宣传职能依然受到党和国家维度的影响。具体而言,司法行政系统并非普法计划的唯一制订者,其仍然要与党的宣传部门合作并听其指挥。

在职能的具体内容和履职方式明晰后,A省司法厅法制(治)宣传职能的工作量究竟如何呢?对此,笔者采用了前文所述的方法,对A省司法厅每年开展的法制(治)宣传实际工作量进行了统计。

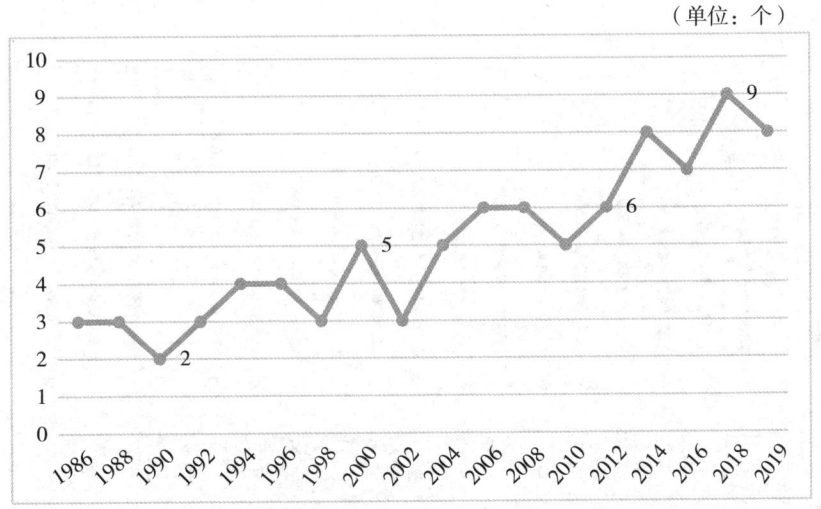

图 2.13　1986—2019 年 A 省司法厅法制(治)宣传方面完成的业务(项目)数量

由图 2.13 可知,自 A 省司法厅正常履行法制(治)宣传职能起("一五"普法),其每年开展的法制(治)宣传业务(项目)数量基本呈上升趋势,由 1986 年的 3 项上升至 2019 年的 8 项,增长了约 167%。同时,由图 2.14 和表 2.7 可知,与业务(项目)数量相似,A 省司法厅法制(治)宣传工作部门业务人员的感受也很直观——自 1986 年"一五"普法开始,A 省司法厅法制(治)宣传方面的业务人员平均每个工作日的有效工作时间便不断上升,由最初(1986 年)的 6 小时上升至 1996 年的 8 小时,并在 2014 年以后突破正常的 8 小时工作制,开始出现加班的情况。同时在工作强度上,A 省司法厅法制(治)宣传方面的业务人员的工作强度也在上升,并达到工作强度大的程度。由此可见,司法行政机关法制(治)宣传职能是基本符合工作量大、任务繁重的描述的,就算同一时期 A 省司法厅法制(治)宣传方面的业务人员数量有所增加,但仍未稀释其工作量,业务人员肩上的担子依然越来越重。

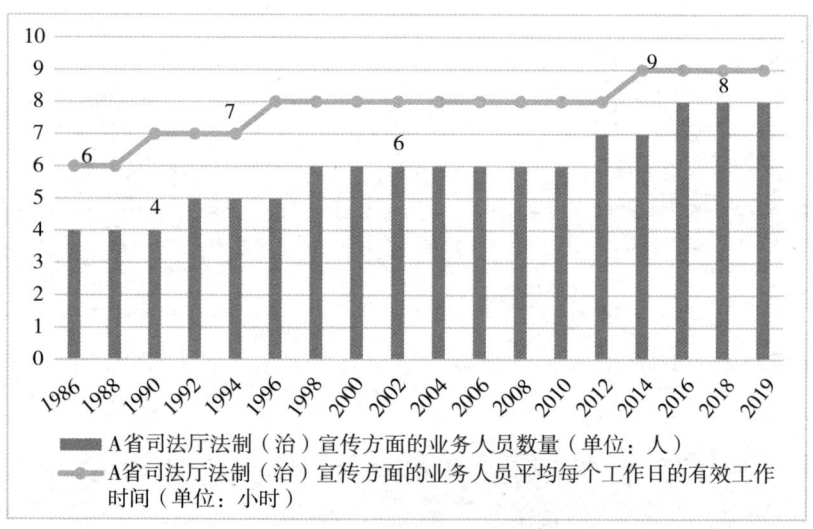

图 2.14　1986—2019 年 A 省司法厅法制(治)宣传方面的业务人员数量及业务人员平均每个工作日的有效工作时间

表 2.7　1986—2019 年 A 省司法厅法制(治)宣传方面的业务人员工作强度

时间	工作强度
1986 年	工作强度适中
1988 年	工作强度适中
1990 年	工作强度适中
1992 年	工作强度适中
1994 年	工作强度适中
1996 年	工作强度大,相对繁重
1998 年	工作强度大,相对繁重
2000 年	工作强度大,相对繁重
2002 年	工作强度大,相对繁重
2004 年	工作强度大,相对繁重
2006 年	工作强度大,相对繁重
2008 年	工作强度大,相对繁重
2010 年	工作强度大,相对繁重
2012 年	工作强度大,相对繁重
2014 年	工作强度大,相对繁重
2016 年	工作强度大,相对繁重
2018 年	工作强度大,相对繁重
2019 年	工作强度大,相对繁重

客观地讲,以 A 省司法厅为代表的省级司法行政机关法制(治)宣传职能之所以会出现实际工作量不断上升的情形,笔者认为这与我国法制(治)宣传的双重内容有关:其一,我国法制(治)宣传是技术宣传,承担了向民众普法的任务。自1986年"一五"普法开始,我国法治建设水平不断提高,不仅新的法律法规接连出台,原有的法律法

规也在不断丰富完善,省级司法行政机关技术宣传的内容也随之不断增多。其二,我国法制(治)宣传还是政治宣传,如前文所述,自"一五"普法开始,党的法治思想、党和国家领导人的重要讲话就是宣传的重要内容,在全面加强党的领导的趋势下,省级司法行政机关法制(治)宣传的政治内容也在不断增多。如是,技术宣传与政治宣传两方面内容的一并增长直接导致 A 省司法厅法制(治)宣传职能的实际工作量的大幅增加,特别是在党的十八届四中全会后,其实际工作量更是达到了高峰。笔者预计,在未来我国法治建设水平进一步提高、党的领导进一步加强的趋势下,以 A 省司法厅为代表的省级司法行政机关法制(治)宣传职能的实际工作量还将进一步增加。

值得一提的是,与律师管理职能相似,在笔者调研的过程中,A 省司法厅多次向笔者强调 A 省司法厅一直以深入偏远地区进行宣传为重点工作目标,在进行法制(治)宣传时也不只是作为上级机关指导、监督市、县级司法局开展工作,而是亲力亲为,每年都组织厅里的工作人员"送法下乡",且在目前的宣传活动中,A 省司法厅越来越重视利用新媒体等新兴宣传方式进行法制(治)宣传,并取得了很好的社会效果,受到了上级领导的高度赞扬——这与 A 省司法厅律师管理职能如出一辙。同理,这些也是 A 省司法厅履行法制(治)宣传职能的小细节,对笔者的整体判断亦无大碍。但与律师管理工作相似,A 省司法厅实质上也相当重视法制(治)宣传层面的这些活动,在每一年的工作报告中,此类活动皆排在前列或显眼的位置,而其他多数职能暂时无此"殊荣"。如是,这一细节同样能成为笔者进一步发掘一些机关单位维度的影响因素的线索。

(二)司法协助

司法协助,是指"国家根据国际条约或协定,或依据互惠原则,由法院或其他有关机关对外国法院或其他机关的请求,在民事、商事、刑事等方面给予协助进行某些司法活动"①。当前我国虽有《国际刑事司法协助法》,但依然有大量司法协助相关的规定散落于《民事诉讼法》等法律、我国与外国签订的双边协定以及我国参加的国际公约之中。目前我国具备司法协助主体资格的国家机关有两类:负责对外联系的中央机关(外交部和其他条约、公约指定的机关,司法部便是部分条约指定的对外联系机关)和负责具体执行请求的主管机关(当前我国对外缔结的条约中,一般指明主管机关是法院、检察院和其他负责民事或刑事案件的机关)。② 换句话讲,当前司法行政机关的司法协助职能很大程度上是充当外国司法机关与本国司法机关间的联络人,自己并不具备执行相关请求的条件。且依照现行法律、条约和公约的规定,充当联络人的司法行政机关基本是司法部,省级司法行政机关基本没有司法协助的职能。如此一来,A省司法厅既没有特别明显的履行司法协助职能的记录也未像司法部那样设立司法协助工作部门便不足为奇了。这也是地方司法行政机关与中央司法行政机关职权的差异之一。如是,在下文中,笔者将不对此职能展开理论探讨。

三、其他类职能的履行状况

如前文所述,公共法律服务职能大类很大程度上是兜底分类,"收容"了一些归属性不是特别强的职能。如是,在该大类中,总有一部分职能无法归入法律服务管理和法律服务提供两小类中,笔者将它们统一归为其他类职能。其他类职能共有四项:组织实施国家司法(法律职业资格)考试、人民陪审员管理、人民监督员管理和法学教育管理。

---

① 梁淑英:《中国对外司法协助(上)》,载《政法论坛》1996年第5期,第86页。
② 参见任永安、卢显洋:《中国特色司法行政制度新论》,中国政法大学出版社2014年版,第156页。

(一)组织实施国家司法(法律职业资格)考试

国家司法(法律职业资格)考试,是"国家统一组织的,从事特定法律职业的资格考试"①。其前身是 20 世纪 80 年代开始的律师职业资格考试。2001 年,依据修订后的《法官法》和《检察官法》的规定,初任法官、检察官须通过国家统一司法考试取得资格。律师职业资格考试也由此更名为国家司法考试。客观地讲,组织实施国家司法(法律职业资格)考试是只能由政府管理的事务,同时由于其政治性较弱,因而在履职细节层面,党和国家的影响因素不是太强,笔者认为,在这一职能履行过程中,机关单位层面的因素起了主要作用。

依照 2008 年司法部、最高人民检察院和最高人民法院联合发布的《国家司法考试实施办法》(现已失效)的规定,国家司法考试的报名、考场设置、考试纪律、命题、监考、评卷等考务工作皆由司法部负责,地方司法行政机关中仅有省级司法行政机关设有专门机构,并具体承办国家司法考试的有关考务工作。由此可见,省级司法行政机关在组织实施国家司法(法律职业资格)考试方面的权限十分有限,很难有所作为,这一点 A 省司法厅也不例外。实践中,A 省司法厅没有主动启动国家司法(法律职业资格)考试程序的权力,在组织实施国家司法(法律职业资格)考试期间,A 省司法厅的职权仅限于:依司法部的指示负责本省司法考试报名,设置考点,布置考场并报司法部审定,培训监考人员等考试工作人员,负责试卷的接收、保管、分发、回收及运送,处理报名、考试中出现的问题,发放考试成绩,受理、报审法律职业资格申请,以及办理法律职业资格证书备案,最核心的考试纪律设定、命题和阅卷工作反而是自己无法接触的。由此可见,A 省司法厅在履行组织实施国家司法(法律职业资格)考试职能方面自然是没有明确的具体内容和履职方式,实践中该

---

① 杜国兴:《国家司法考试制度略论》,载《法学家》2002 年第 5 期,第 127 页。

职能的具体内容和履职方式也仅限于本省考务管理、办理法律职业资格证和司法部临时安排的一系列事务,这基本符合《国家司法考试实施办法》的规定,整体上相当中规中矩。不过就算是处理"外围"工作,A省司法厅及其下属市、县级司法局还是设立了专门的国家司法考试处(2018年司法行政机构改革后更名为法律职业资格管理处,但职权配置以及规范层面职能的具体内容和履职方式未发生变化),专门负责一切与国家司法(法律职业资格)考试相关的事务(包括办理法律职业资格证等)。① 至于与其他机关单位的关系的处理,因为组织实施国家司法(法律职业资格)考试是司法行政机关的专属职能,省级司法行政机关在该职能的具体内容和履职方式层面基本不需要与其他机关单位交互,因而这一方面无明显体现。

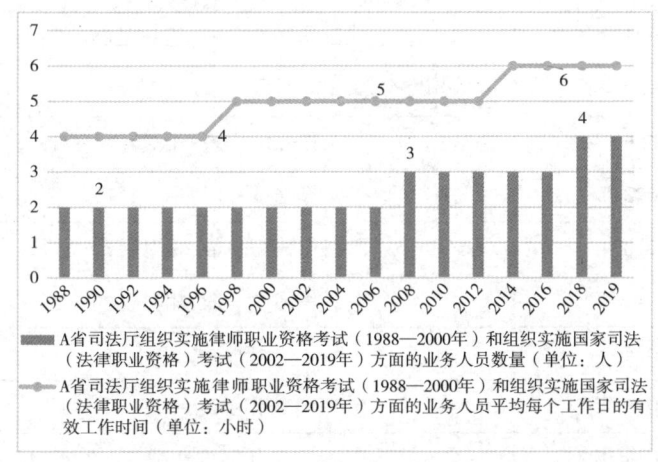

图2.15　1988—2019年A省司法厅组织实施律师职业资格考试(1988—2000年)和组织实施国家司法(法律职业资格)考试(2002—2019年)方面的业务人员数量及业务人员平均每个工作日的有效工作时间

---

① 需要特别说明的是,在国家司法考试制度建立以前,A省司法厅及其下属的司法行政机关并没有专门的律师职业资格考试工作部门,相关的工作指定由律师工作部门中的专人负责。自2002年起,A省司法厅及其下属的司法行政机关才开始拥有独立的国家司法考试部门。

表 2.8 1988—2019 年 A 省司法厅组织实施律师职业资格考试(1988—2000 年)和组织实施国家司法(法律职业资格)考试(2002—2019 年)方面的业务人员工作强度

时间	工作强度
1988 年	工作强度一般,相对轻松
1990 年	工作强度一般,相对轻松
1992 年	工作强度一般,相对轻松
1994 年	工作强度一般,相对轻松
1996 年	工作强度一般,相对轻松
1998 年	工作强度一般,相对轻松
2000 年	工作强度一般,相对轻松
2002 年	工作强度一般,相对轻松
2004 年	工作强度一般,相对轻松
2006 年	工作强度一般,相对轻松
2008 年	工作强度一般,相对轻松
2010 年	工作强度一般,相对轻松
2012 年	工作强度一般,相对轻松
2014 年	工作强度适中
2016 年	工作强度适中
2018 年	工作强度适中
2019 年	工作强度适中

由图 2.15 和表 2.8 可知,A 省司法厅业务人员平均每个工作日的有效工作时间虽从最初的 4 小时增长到当前的 6 小时,但实际工作量增长幅度相对有限,并未达到平均每个工作日的有效工作时间 8 小时、工作强度大的标准。由此可见,在组织实施国家司法(法律职业资格)考试层面,司法行政机关的实际履职情况尚未达到所谓的工作量

大、任务繁重的标准。之所以呈现这种态势，笔者认为，不仅和地方司法行政机关没有命题、阅卷的权力，仅负责外围考务工作的职能配置有关，也和地方司法行政机关的具体履职方式有关。以A省司法厅为例，对于其组织实施国家司法（法律职业资格）考试的部门而言，其主要履职时间集中于考试前后的一段时间。在其余时间段，其仅承担相对简单的与考务相关的证书处理、归档、组织培训、相关政策调研等工作，虽然会有上级布置的计划外任务，但并不会消耗业务人员太多的精力。而在考试前后的一段时间，相关业务人员也非孤军奋战——事实上，由于工作过于集中，在临近考试和考试中的时间段，A省司法厅大部分工作人员都会被动员起来参与考务工作，这就在无形中减轻了相关处室业务人员的工作负荷。如此一来，该职能的实际工作量适中也就不足为奇了。

（二）人民陪审员管理

陪审制是指审判机关审理案件时吸收非职业法官作为陪审员，陪审员与职业法官一起审判案件的一种司法制度。人民陪审员制度是现代陪审制在我国的表现形式。人民陪审员制度在我国有较长的历史，早在1951年《人民法院暂行组织条例》颁布之际，其就已成为我国审判活动中的一项正式制度，此后，我国《宪法》《人民法院组织法》《民事诉讼法》等法律法规皆对这一制度作了进一步规范。2018年《人民陪审员法》颁布，这是我国第一部专门规范人民陪审员制度的法律。虽然人民陪审员与法院关系密切，但依照法律法规的规定，司法行政机关在人民陪审员制度中仍有一席之地，早在2004年出台的《全国人民代表大会常务委员会关于完善人民陪审员制度的决定》中，司法行政机关被赋予会同基层人民法院选任、培训人民陪审员的权力。2018年的《人民陪审员法》和《人民陪审员选任办法》再一次明确了这一规定。《人民陪审员选任办法》第4条第

1、2款规定:"人民陪审员选任工作由司法行政机关会同基层人民法院、公安机关组织开展。省级和设区的市级司法行政机关负责人民陪审员选任工作的指导监督,县级司法行政机关负责人民陪审员选任工作的具体实施。"《人民陪审员法》第25条第1款规定:"人民陪审员的培训、考核和奖惩等日常管理工作,由基层人民法院会同司法行政机关负责。"由此可见,司法行政机关会同法院履行人民陪审员管理职能,不过,依照现有法律法规的规定,人民陪审员的人事权等重要权力皆在法院系统,各级司法行政机关既无权决定人民陪审员的名额数,也无权任免人民陪审员,在人民陪审员管理职能框架内是起辅助作用的一方。

实践中,依据法律法规的规定,具体负责管理人民陪审员的是县级司法行政机关,省级司法行政机关只是指导、监督下级机关的管理工作。不过,正如法律法规规定的那样,各级司法行政机关仅起辅助作用,人民陪审员管理并非省级司法行政机关特别重要的职能。实践中,A省司法厅并没有设立专门负责人民陪审员管理工作的部门,也未刻意记录人民陪审员管理工作的履职细节,该职能被分配给其内设的基层工作处,由负责基层司法所管理的工作人员履行,当前A省司法厅在实践中多总揽下级单位的人民陪审员管理工作,并依据法院系统的要求通知下级单位配合法院的工作。至于人民陪审员的选任、培训和考核等具体工作,A省司法厅很少具体参与。由此可见,仅从机关单位维度讲,A省司法厅的自行考量是符合既有规范的,之所以未履行大量事务是规范未赋予其太多权限。而在与其他机关单位的关系层面,由于实践中A省司法厅并未履行人民陪审员的选任、培训和考核等具体职责,仅依据法院系统的要求通知下级单位,大体上符合相关规定(辅助地位),也是符合既有规则的。不过,由于没有相关记录,对于实际工作量等指标,这一职能处于一种不清晰的状态。对此,笔者认为,对于自己不起主要作用的职能,不仅司法行政机关,我国多数机关单位都不会特别在意,甚至在某些时候不将其作为自己的主要职能,人民陪审员管理职能的"遭遇"正是这一机关单位层面履职逻辑的体现。在这一情况下,笔者在后文不再将人民陪审员管理这一职能作为省级司法行政机关的主要职能加以论述。

(三)人民监督员管理

人民监督员制度是指人民检察院办理业务时,接受监督员监督的一种司法制度。人民监督员制度于 2003 年开展试点,2016 年正式落实,与人民陪审员制度相比,其相对"年轻"。当前人民监督员制度尚无专门的法律,唯一的正式规范仅有 2016 年司法部会同最高人民检察院出台的《人民监督员选任管理办法》以及 2015 年出台的《最高人民检察院关于人民监督员监督工作的规定》(现已失效)。其中,《人民监督员选任管理办法》第 3 条第 1 款规定:"人民监督员的选任和培训、考核、奖惩等管理工作由司法行政机关负责,人民检察院予以配合协助。"第 4 条第 1 款又规定:"人民监督员由省级和设区的市级司法行政机关负责选任管理。县级司法行政机关按照上级司法行政机关的要求,协助做好本行政区域内人民监督员选任和管理具体工作。"由此可见,在人民监督员管理层面,司法行政机关起主要作用,检察机关起辅助作用。如是,在人民监督员管理领域,省级司法行政机关需要处理与其他机关单位的关系。

客观地讲,因为司法行政机关在人民监督员管理领域起主要作用,人民监督员管理的状况要好过人民陪审员管理。事实上,实践中,A 省司法厅较为重视人民监督员管理,其基层工作处(2019 年以前)同时挂牌为人民监督员办公室。据笔者统计,2016 年至 2019 年间,A 省司法厅大约开展了 14 次管理活动(项目),A 省司法厅人民监督员管理方面的业务人员平均每个工作日的有效工作时间约为 6 小时,其工作强度适中。由此可见,A 省司法厅人民监督员管理在数据上是"中规中矩"的。从职能的具体内容和履职方式的角度看,A省司法厅目前依照《人民监督员选任管理办法》履行了选任、培训、考核、奖惩四项职能。具体而言,2017年,A省司法厅不仅亲自选任了二百余名省级人民监督员,还总揽了全省一千三百余名人民监督员的选任工作(市级人民监督员选任工作具体由市级司法行政机关负责)。在选任之后,又集中开展了多次培训,促使人民监督员尽快上岗,并在省检察院的协助下,在年中和年末对人民监督员进行考核。除此之外,为保障人民监督员顺利履职,A省司法厅还出面与A省检察院进行了多次沟通协调。2018年国家监察制度改革后,人民监督员的职能发生了较大变化,针对这一情况,A省司法厅加大了培训和沟通力度。不过除了履职的细节,A省司法厅人民监督员管理在机关单位维度单位自行考量层面基本是符合现有规范的,可以说是中规中矩的。而在处理与其他机关单位的关系层面,因为有《人民监督员选任管理办法》和《最高人民检察院关于人民监督员监督工作的规定》的明确规定,A省司法厅和A省检察院在实践中皆选择了遵守规则,即以A省司法厅为主负责人民监督员管理的日常工作,A省检察院则为A省司法厅的工作提供便利并在A省司法厅需要时配合其开展工作,双方基本不存在冲突。从这一层面(机关单位维度)看,A省司法厅人民监督员管理职能的具体内容和履职方式是符合规范、不存在冲突的。

(四)法学教育管理

客观地讲,法学教育管理也(曾)是省级司法行政机关的重要职能之一。从规范层面看,省级司法行政机关并非法学教育单位,其仅扮演法学教育管理者的角色。依照司法行政系统的阐释,其所谓的"法学教育"与一般意义上的法学教育有所不同——司法行政系统所称的"法学教育管理职能"包括(或曾包括)普通高等法学教育管理、成人法学教育管理和法律职业技术教育管理三个方面。①一是普通高等法学教育管理,即政法院校教育管理,司法部及得到司法部授权的省级司法行政机关在规范层面具有管理和指导直属政法院校专业设置、教学计划、教材和师资建设、科学研究以及思想政治建设的职权,在履职内容和履职方式上与教育部十分相近。二是成人法学教育管理,司法行政机关所谓的成人法学教育是指司法干部培训和法学函授教育,其中以司法干部培训最为重要。如前文所述,司法行政机关恢复重建的重要目的便是培训司法干部、促进政法系统的恢复重建,因此所谓的"成人法学教育"就成为省级司法行政机关履职的重要环节。不过省级司法行政机关自身并非培训者,真正承担培训司法干部任务的是省级司法行政机关直属的政法院校和干部培训基地等单位,省级司法行政机关仅履行管理职能,在本质上与政法院校教育管理一致。三是法律职业技术教育管理,法律职业技术教育又名中等法学教育,主要是指中等专业学校性质(大专、中专)的警察学校和司法学校,与普通高等政法院校相似,警察学校和司法学校同样是省级司法行政机关的直属机构,在教学等方面受省级司法行政机关的管理,在本质上与普通高等法学教育管理和成人法学教育管理没有区别。

  事实上,法学教育管理是省级司法行政机关现存职能中法律规定变化最大的职能。如前文所述,在1980年A省司法厅恢复重建后,其继承了中华人民共和国成立初期法学教育管理职能的全部内容,对普通高等法学教育、成人法学教育和法律职业技术教育三种对象进行管理,是完整的法学教育管理者。然而好景不长,随着司法机关专门培训基地的建立,省级司法行政机关成人法学教育管理这一职能即被大量架空。1999年发布《国务院关于进一步调整国务

---

① 参见《当代中国》丛书编辑部:《当代中国的司法行政工作》,当代中国出版社1995年版,第99页。

院部门(单位)所属学校管理体制和布局结构的决定》,政法院校的管理权被收归教育部或地方政府,省级司法行政机关普通高等法学教育管理职能也宣告丧失。

实践中,具体到 A 省,所有的司法干部培训基地、警察学校和司法学校等教育机构均受 A 省司法厅的管理。从数据上看,A 省司法厅法学教育管理职能各项指标基本呈先升后降或下降趋势。如图 2.16 所示,自 1980 年 A 省司法厅恢复重建到 1994 年间,其法学教育管理方面①完成的业务(项目)数量总体而言是呈上升趋势的——由 1980 年的 5 个迅速升至 1984 年的 15 个,并在之后的一段时间内维持着较高的水平,然而自 1994 年起,A 省司法厅在法学教育管理方面完成的业务(项目)数量即在短时间内飞速下降并于 8 年后降至相当低的水平(每年 1 个)。相应的,如图 2.17 和表 2.9 所示,在 1980 年至 1984 年间,A 省司法厅法学教育管理方面的业务人员平均每个工作日的有效工作时间均维持在 7 小时,直到 1986 年业务人员数量增加到 4 人,单人的工作量才得以稀释,但平均每个工作日的有效工作时间依然维持着较高的水平(6 小时),其间业务人员工作强度为强度大或适中。这说明 A 省司法厅法学教育管理职能在 20 世纪 80、90 年代业务量大、任务繁重。而自 1996 年起,无论是业务人员数量还是平均每个工作日的有效工作时间,皆呈大幅下降的趋势,工作强度也一路下降至强度一般。如此一来,与法律服务管理类职能类似,A 省司法厅法学教育管理职能的实际工作量基本呈先高后低的态势。

---

① 需要说明的是,A 省司法厅曾设有单独的法学教育管理部门,分别为宣传教育处下属的教育组(1980—1982 年)和单独的(法学/法规)教育处(1983—2005 年),自 2006 年起,A 省司法厅不再设立单独的法学教育管理部门,也不再指定专人负责法学教育管理工作。因此,本处的统计数据截至 2004 年。

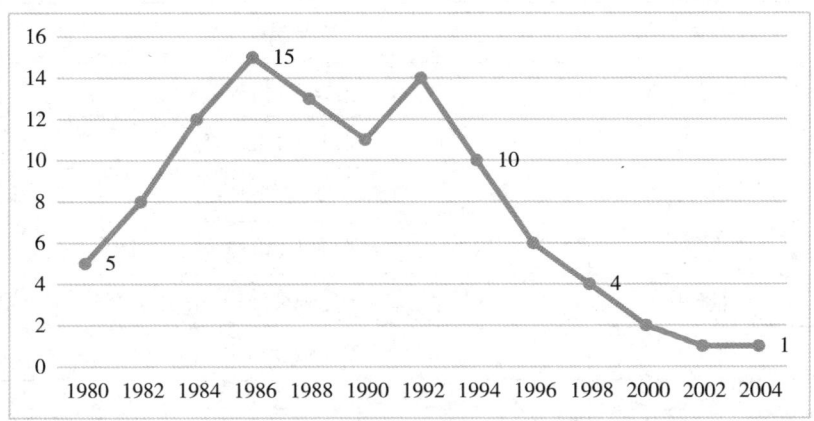

图 2.16 1980—2004 年 A 省司法厅法学教育管理方面完成的业务(项目)数量

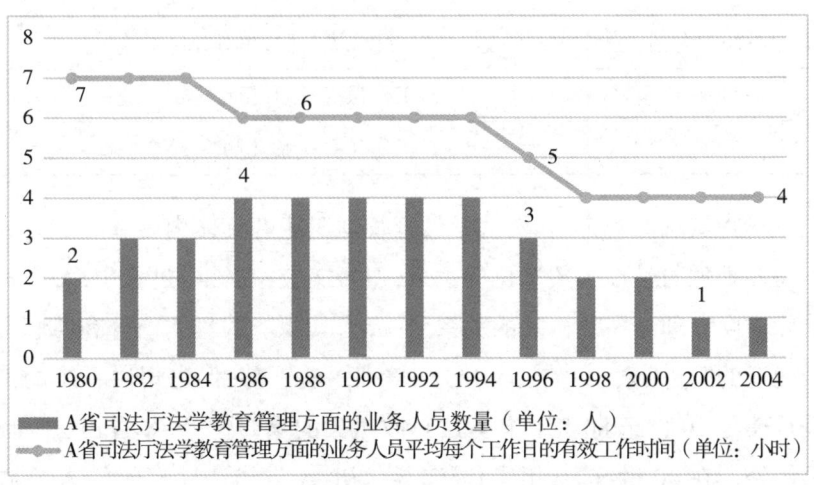

图 2.17 1980—2004 年 A 省司法厅法学教育管理方面的业务人员数量及业务人员平均每个工作日的有效工作时间

表 2.9　1980—2004 年 A 省司法厅法学教育管理方面的业务人员工作强度

时间	工作强度
1980 年	工作强度大,相对繁重
1982 年	工作强度大,相对繁重
1984 年	工作强度大,相对繁重
1986 年	工作强度大,相对繁重
1988 年	工作强度适中
1990 年	工作强度适中
1992 年	工作强度适中
1994 年	工作强度适中
1996 年	工作强度适中
1998 年	工作强度适中
2000 年	工作强度一般,相对轻松
2002 年	工作强度一般,相对轻松
2004 年	工作强度一般,相对轻松

尽管从法律规定上看,法学教育管理职能的具体内容和履职方式不需要处理与其他机关单位的关系,但事实上,在履职过程中,A 省司法厅一度处理与司法机关的关系,并成为其职能的具体内容和履职方式变迁的"导火索"。如前文所述,培训司法干部、促进司法系统的恢复重建是 20 世纪 80 年代初司法行政机关的重要任务,A 省司法厅也不例外。在 20 世纪 80 年代和 90 年代初,A 省司法厅直属的 A 省政法干部学校是 A 省最重要的司法干部培训基地,每一轮培训活动都由 A 省司法厅和 A 省司法机关联合组织,构成了 20 世纪 80 年代和 90 年代初 A 省法学教育管理的主要内容。随着司法干部队伍的扩大,需要培训的人员也越来越多,这就使得 A 省司法厅需要组织的培训活动越来越多,如此便有了 1980 年至 1992 年间 A 省司法厅法学教育管理

方面完成的业务(项目)数量上升。除组织培训外,A省司法厅同样受司法部委托,管理和指导司法部直属的B学院,并筹建和管理了A省司法警官职业学院,这些也构成了A省司法厅20世纪80年代和90年代初的履职内容。客观地讲,这一时期A省司法厅法学教育管理是基本符合规范的,与其他机关单位也不存在冲突。

然而好景不长,进入20世纪90年代中期后,国家法官学院A省分院和国家检察官学院A省分院相继成立,司法干部培训的权力事实上为A省司法机关拥有。然而此时,在规范层面,A省司法厅仍是司法干部培训的组织者,因此在实践中,A省司法厅与A省检察院和法院一度在职能的具体内容和履职方式层面产生了冲突,双方都具有司法干部培训的职能,且双方的职能不兼容。如此,双方的冲突便一直存在,直到20世纪末,司法部默认了司法系统对司法干部培训权的回收。几乎在同一时期,B学院也脱离了A省司法厅的管理。如此,A省司法厅实际工作量的下跌已不可避免——于是,1994年后数据的"断崖"式下跌便再正常不过了。不过"祸不单行"的是,自20世纪90年代后期便基本"无米下锅"的A省政法干部管理学院于2002年撤销建制并入C大学,A省司法厅不再对其行使管理的职权。自此,A省司法厅仅管理A省司法警官职业学院和A省法学函授教育,其司法干部培训职能也转变为内部培训,法学教育管理的实际工作量也由此跌入谷底。在这一背景下,为避免法学教育管理部门"人浮于事",A省司法厅自1996年起便开始调整法学教育管理部门的人员配置,即不断减少业务人员数量,最终在2006年撤销了法学教育管理部门。法学函授教育管理指导和A省司法警官职业学院管理指导职权划入当时的国家司法考试处(现法律资格管理处)。自此,A省司法厅法学教育管理职能"名存实亡"。自2006年起,A省司法厅少有法学教育管理职能的履行记录,且当前A省司法厅多通过行政命令等方式指导A省司法警官职业学院的专业设置、教学计划、教材和师资建设、科学研究以及思想政治建设,基本不干涉学院的教学和日常运行。如前文所述,这种做法是符合规范、中规中矩的。而法学函授教育指导则因 A 省法学函授教育的衰落(事实上,整个法学函授教育正在衰落),再无履职记录且已从职能内容中消失,对于该内容的履行是否符合规范,笔者不得而知,后续也不讨论该项内容。总而言之,在 A 省司法厅法学教育管理职能的履职过程中,其职能的具体内容和履职方式同时受单位自身因素和其他机关单位因素的影响。对于履职实践是否合规,A 省司法厅并没有开展直接的教育活动,而是组织教育并管理教育场所,这是符合既有规范的。但在与其他机关单位的关系层面,A 省司法厅却一度与司法机关产生职能的具体内容和履职方式冲突,尽管当前冲突已平息,但却成为 A 省司法厅法学教育管理职能履行史中的重要现象。不过从目前来看,A 省司法厅法学教育管理职能的实际工作量虽小,但其职能的具体内容和履职方式却是中规中矩的。

第四节　小结:省级司法行政机关履职的整体状况

通过上一节的实证研究,A 省司法厅的履职状况(实际工作量、职能的具体内容和履职方式)已基本明晰。总体而言,笔者对 1980 年至 2019 年间以 A 省司法厅为代表的省级司法行政机关的履职状况有如下判断:

第一,从总的履职状况来看,省级司法行政机关的职能称得上"点多、线长、面广"。整体而言,省级司法行政机关的行政立法、行政执法、刑事执行和公共法律服务(包括法律服务管理、法律服务提供和其他三小类)四大类职能横跨多个领域,各类职能间也互不隶属,不存在法院那样"一切服务审判"的首要职能或居于核心地位的职能。尽管当前司法行政机关在各项职能上投入的资源不一,实际工作量也不同,但仅从规范层面讲,各项职能是平等且相互独立的。从正面看,每项职能都有自己独特的目的和发展方向,并不是在为某一项或某几项平行的职能服务;从反面看,每项职能间的关联性都较弱,甚至是"相去甚远"。这带来的直接后果便是省级司法行政机关的职能显得多而杂,几乎没有直观清晰的样态,因此多数学者和实务工作者都以相当宏观的概念来描述省级司法行政机关的履职,这在一定程度上既造成当今学术界和实务界对省级司法行政机关实际履职状况的认识不清晰,也成为本书研究的缘起之一。

第二,除本书不论述的监狱管理和强制戒毒管理职能外,以 A 省司法厅为代表的省级司法行政机关行政立法、行政执法和刑事执行三大类职能多数履行状况较为中规中矩。就实际工作量而言,目前省级司法行政机关行政立法、依法行政指导、行政执法监督、合法性审查以及行政复议与行政应诉职能多因加入时间短、不存在变迁,当前这些职能的实际工作量多数适中。社区矫正职能的实际工作量目前尚处于适中水平。仅有的实际工作量大的合法性审查以及行政复议与行政应诉也因即将得到解决而无进一步讨论的价值。在实际职能的具体内容和履职方式层面,上述所有职能皆未有明显的变化。而就笔者的考察要点而言,所有职能在单位自行考量层面皆大体上依照彼时或现行规则办事,在变迁过程中没有出现背离规则的情形;而在与其他机关单位的职能是否冲突层面,仅行政复议与行政应诉职能出现了"自己复议自己"的情形(这一点早在改革之初就已为一些学者和实务工作者预见),其余职能基本不与其他机关单位冲突。在处理政治事务层面,仅有依法行政指导职能包含此类事务,在履职实践中,依法行政指导包含大量政治指导内容,与技术指导内容是平行、共存的关系,这成为 A 省司法厅依法行政指导职能履行中的重要现象。至于和市场与社会组织的关系及互动层面,上述职能皆不直接面对市场与社会组织,因而皆无体现。

第三,除地方司法行政机关未实际履行的司法协助和未有详细记录的人民陪审员管理职能外,以 A 省司法厅为代表的省级司法行政机关公共法律服务类职能下的法律服务提供和其他两小类职能多数履行状况虽较为清晰但各不相同。在实际工作量层面,A 省司法厅组织实施国家司法(法律职业资格)考试职能目前仍处于适中水平;法学教育管理职能的实际工作量虽在一段时间内呈上升态势,但之后便一路走低,直至"相对轻松"的水平;法制(治)宣传职能的实际工作量则是一路走高,目前已超负荷;而人民监督员管理职能的实际工作量则是适中。在实际职能的具体内容和履职方式层面,除法学教育管理外,其余职能均"十年如一日",无论是规范层面还是实践层面都没有大的变化。就笔者的考察要点而言,所有职能在单位自行考量层面皆大体上依照彼时或现行规则办事,在变迁过程中没有出现背离规则的情形。在与其他机关单位的职能是否冲突层面,除法学教育管理职能一度与司法机关相关职能冲突外,其余职能基本不与其他机关单位冲突。在处理政治事务层面,仅有法制(治)宣传职能包含此类事务,在履职实践中,法制(治)宣传是政治宣传与技术宣传的结合体,政治宣传与技术宣传是平行、共存的关系,这也成为 A 省司法厅法制(治)宣传职能履行中的重要特点。至于在和市场与社会组织的关系及互动层面,上述职能也不直接面对市场与社会组织,因而在这方面亦无体现。

第四,除没有进一步讨论价值的仲裁机构登记外,省级司法行政机关公共法律服务类职能下的法律服务管理类职能的履职状况最为复杂,现象也最为突出。就实际工作量而言,律师管理职能的实际工作量在经历先上升、再小幅下降、后再度上升的变化后已满负荷运作;公证管理和司法鉴定管理职能的实际工作量经历先上升、再小幅下降、后维持现状或缓慢上升的变化后,虽在适中和较高间徘徊,但总体上未满负荷,未来一段时间内也达不到满负荷的水平;基层法律服务管理和人民调解管理职能的实际工作量在经历先升后降的变化后很难再有"翻身"的机会,未来可能进一步下降。虽然当前各项职能的实际工作量各不相同,但五项职能的具体内容和履职方式的确有些相似,就笔者考察要点而言,所有职能在具体内容和履职方式层面皆大体上依照彼时或现行规则办事,在变迁过程中没有出现背离规则的情形。在与其他机关单位的职能是否冲突层面,所有职能基本不与其他机关单位冲突。然而,在处理政治性事务以及处理和市场与社会组织的关系层面,以 A 省司法厅为代表的省级司法行政机关公共法律服务类职能下的法律服务管理类职能却经历了相当耐人寻味的变迁过程:在 20 世纪 80 年代和 90 年代初,我国法律服务行业尚处于恢复重建或初创阶段,司法行政机关在法律明确规定只能由政府管理的事务外,还承担大量帮助建立法律服务机构、特邀法律工作者等本应由市场与社会自治却由政府管理的事务,同期的既可以由政府管理也可以由市场与社会自治的事务也是以大量技术相关事务为主,并伴有一定的政治相关事务。随着市场与社会法律服务需求的扩大,省级司法行政机关相应的管理工作也就越多,这便成为 20 世纪 80 年代和 90 年代初司法行政机关法律服务管理类职能业务(项目)数量上升的主要原因。进入 20 世纪 90 年代中期,一方面,随着法律服务行业日益市场化、社会化,省级司法行政机关帮助建立和资助法律服务机构、特邀法律工作者以及通过直属法律服务机构参与市场竞争等本应由市场与社会自治却由政府管理的事务越来越不合时宜,因而这一时期司法行政机关逐步减少并最终停止了这些行为,其实际履职方式中的一环消失。另一方面,法律服务行业复杂性和专业化程度的提高也令省级司法行政机关越来越难以在可以由政府管理也可以由市场与社会自治的事务方面有所作为,其过去时常开展的法律服务行业业务管理活动的份额也逐渐被其他事务(以政治相关事务为主)超越。如此一来,自20世纪90年代中期起,省级司法行政机关法律服务管理类职能的业务(项目)数量呈小幅下降趋势,其业务也是从这一时期起形式上日渐单一化。与此同时,以A省司法厅为代表的省级司法行政机关开始让行业协会分担部分既可以由政府管理也可以由市场与社会自治的事务,特别是技术相关事务(以司法行政机关为主、行业协会为辅的管理模式也是在这一时期形成的)。20世纪90年代后期及21世纪初期,随着行业协会的发展壮大和"两结合"管理机制的正式确立,省级司法行政机关开始将更多既可以由政府管理也可以由市场与社会自治的事务交由行业协会自行处理。如此一来,在采用"两结合"管理机制的律师、公证和司法鉴定行业,省级司法行政机关既可以由政府管理也可以由市场与社会自治的事务不仅未因行业的发展壮大而增加,反而不断减少,其所代表的行政力量表面上在市场与社会管理的某些方面逐渐淡化,从而在形式上使得行业自治的力量有所增强,但是由于省级司法行政机关作为政府部门必须履行(只能由政府履行)的执业许可、考核、变更、注销和行政处罚等事务的存在,其律师管理、公证管理和司法鉴定管理职能的实际工作量才得以维持。但需要注意的是,当前代表行业自治的各行业协会,并非单纯的行业自治组织,它们在很大程度上已被行政机关掌控甚至同化。与此同时,在基层法律服务行业和人民调解行业,随着市场化和社会化程度的不断加深,这两个行业在失去行政力量的扶持后开始走下坡路,这就使得省级司法行政机关的管理对象客观上大量减少,参透这一点的司法行政机关自然也不会在这两方面投入更多的资源,其在既可以由政府管理也可以由市场与社会自治的事务方面的活动也因此减少。于是,在没有行业协会的基层法律服务管理和人民调解管理方面,省级司法行政机关无论是业务(项目)数量还是实际工作量皆呈下降趋势。值得一提的是,如前文所述,当前省级司法行政机关虽在既可以由政府管理也可以由市场与社会自治的事务领域将大量技术相关事务交由行业协会管理,但其他事务特别是政治相关事务则基本维持不变(仅是因为其本身的体量相对较小才造成整体工作量的下降)。笔者认为,这种技术相关事务减少而政治相关事务维持不变的情况是目前省级司法行政机关履职状况中一个非常重要的现象。同时,除政治相关事务外,以 A 省司法厅为代表的省级司法行政机关在既可以由政府管理也可以由市场与社会自治的技术相关事务层面仍有份额和权力,其实质上并未淡出法律服务管理的诸多领域。

值得一提的是,虽然是细节中的细节,但笔者发现,省级司法行政机关在履行部分职能的过程中注重开展一些大型、独特、能吸引眼球的活动,如 A 省司法厅组织律师参与大型社会活动等。而其他职能,要么因遵循规范而显得"中规中矩",如合法性审查、组织实施国家司法(法律职业资格)考试、公证管理等;要么如前文所述虽合乎规范但省级司法行政机关主观上减少了投入,如基层法律服务管理与人民调解管理等。虽然这些表面上看基本无关大局,但综合地看,依然是值得注意并能以此透视机关单位维度影响因素的线索。

总之,除不论述的职能外,仅从实际工作量的角度出发,当前以 A 省司法厅为代表的省级司法行政机关存在法制(治)宣传已超负荷运作、律师管理已满负荷运转这一未解决的问题(如前文所述,合法性审查以及行政复议与行政应诉的负荷即将得到减轻且不具有进一步讨论的价值),而行政立法、依法行政指导、行政执法监督、组织实施国家司法(法律职业资格)考试、社区矫正、基层法律服务管理等职能的工作强度则是"适中"或"相对轻松"。未来省级司法行政机关似乎仅需调整法制(治)宣传、律师管理职能即可。然而正如前文所述,实际工作量终究只能说明一方面问题,准确的职能调整还需考虑省级司法行政机关各项职能的具体内容和履职方式。

以 A 省司法厅为代表的省级司法行政机关职能的具体内容和履职方式并结合本书的履职框架来看：

首先，在省级司法行政机关的履职是否符合既有规则（规范）层面，经笔者调研，至少从中观和较为微观的层面看，以 A 省司法厅为代表的省级司法行政机关职能的具体内容和履职方式都是符合规范的——这与大多数规范"没有大幅变化"和较为"笼统"有很大关系。以 A 省司法厅为代表的省级司法行政机关大多数职能的具体内容和履职方式从中观和较为微观的层面看也是"十年如一日"，仅有法学教育管理职能有大幅变化及公共法律服务类职能下的法律服务管理类职能有小幅变化，但这些变化都是跟随规范的，省级司法行政机关的履职并未因此不合规。如是，笔者判断，当前很难通过省级司法行政机关的履职实践有无不符合规范这一指标判断其职能的具体内容和履职方式是否需要调整，后续的改革还需寻找别的突破口。值得一提的是，如果从特别微观的角度看，以 A 省司法厅为代表的省级司法行政机关的大多数职能的具体内容和履职方式还是有些许变化的，如法制（治）宣传职能日益强调利用新媒体进行宣传等，但这些变化过于细微和零碎，没有太大的深挖价值，因此笔者不考虑这些内容。

其次，在省级司法行政机关履职是否与其他机关单位存在冲突层面，根据笔者调研，因规则体系相对完善，以 A 省司法厅为代表的省级司法行政机关的大多数职能的具体内容和履职方式基本依法依规处理与其他相关单位的关系，在履职实践中并不存在矛盾冲突。不过也有两项职能例外：一是不少学者预计及笔者见证的当前省级司法行政机关行政复议与行政应诉职能存在"自己复议自己"的现象，这种矛盾冲突是未来必须调整的；二是法学教育管理职能一度与司法机关相关职能存在冲突，虽然现在这一冲突早已消失，但也成为笔者透视机关单位维度影响的重要线索。

再次，在省级司法行政机关的履职实践中如何处理政治性事务层面，如前文所述，省级司法行政机关仅有部分职能有明显的政治性事务，即依法行政指导、法制（治）宣传和公共法律服务类职能下的法律服务管理类职能。在这几项职能的履行实践中，政治性事务与技术性事务同时存在，特别是在公共法律服务类职能下的法律服务管理类职能的履职实践中，当技术相关事务数量下降时，政治相关事务数量却能保持不变。对于这些情形，笔者认为，目前尚不能仅凭表面现象判断其是否合理、是否需要调整，要想得出进一步结论，还需进行深度理论分析，特别是对党和国家维度的影响因素进行分析。

最后，在省级司法行政机关如何处理和市场与社会组织的关系层面，尽管涉及的职能仅有公共法律服务类职能下的法律服务管理类职能，但确实是省级司法行政机关履职状况为数不多但最具意义的变迁所在。省级司法行政机关法律服务管理类职能表面上正如实际工作量中的"项目"数量变化那样，呈现职能履行形式上的日渐单一化的趋势，其背后的原因则是以下四大现象的出现：行业的市场化与专业化使省级司法行政机关原有的本应由市场与社会自治却由政府管理的事务日渐消失；既可以由政府管理也可以由市场与社会自治的事务（特别是技术相关事务）日渐减少；在技术相关事务日渐减少的同时政治相关事务却基本未减少，且技术相关事务也并未消失，省级司法行政机关在既可以由政府管理也可以由市场与社会自治的技术相关事务层面仍占有份额；而在整个法律服务管理类职能履行单一化的同时，以 A 省司法厅为代表的省级司法行政机关正保持对行业协会的掌控和同化，进而使得行业协会成为不纯粹的行业自治组织。这些现象说明了什么，其所反映的省级司法行政机关公共法律服务类职能下的法律服务管理类职能的具体内容和履职方式是否合理，笔者在此也不能下结论。对于这些内容的判断需要进行深度的理论分析，特别是对市场与社会维度影响因素进行分析。

综上所述，笔者认为，虽然目前对司法行政机关的部分职能已可以下结论，但其余职能，特别是依法行政指导、法制（治）宣传和公共法律服务类职能下的法律服务管理类职能，其职能的具体内容和履职方式是否合理尚需进一步分析，即利用本书的理论框架，在明确这些内容、现象出现的前因后果时对其合理性和可能的调整方向作出判断。如是，深度分析省级司法行政机关履职状况的成因便是必要的了。如前文所述，按照上文的归纳并结合本书的理论框架，有四方面的内容需要重点分析：其一，在依法行政指导和法制（治）宣传层面，如何认识技术相关事务与政治相关事务并存甚至形式上合二为一的现象，及其背后体现出的党和国家与机关单位的互动，它们之间的互动是否合理。其二，在公共法律服务类职能下的法律服务管理层面，如何看待法律服务管理类职能履行形式上的日渐单一化？或者说如何看待单一化背后的一系列现象，包括：行业的市场化与专业化使省级司法行政机关原有的本应由市场与社会自治却由政府管理的事务日渐消失；既可以由政府管理也可以由市场与社会自治的事务（特别是技术相关事务）形式上日渐减少；在技术相关事务形式上日渐减少的同时政治相关事务却基本未减少；在形式上减少的同时，省级司法行政机关在技术相关事务层面仍有份额和权力，仍然在无形中主导管理活动；在整个法律服务管理类职能履行方式单一化的同时，以 A 省司法厅为代表的省级司法行政机关正保持着对行业协会的掌控和同化，进而使得行业协会成为不纯粹的行业自治组织四大现象，在本书的理论框架下应如何认识这些现象？它们是否合理？是否需要调整？其三，存在明显矛盾冲突的行政复议与行政应诉职能"自己复议自己"和法学教育管理职能一度与司法机关相关职能冲突的现象该如何认识？其四，如何理解几乎所有职能履行合乎规范以及部分职能履行虽合乎规范但省级司法行政机关主动减少了投入，部分职能履行"中规中矩"，以及部分职能履行过程中注重开展一些大型的、有吸引力的活动并使之不那么"中规中矩"？总之,上述种种现象的解读以及后续的调整判断皆需深挖省级司法行政机关履职状况的影响因素(即市场与社会、党和国家、机关单位三者在省级司法行政机关履职层面的互动关系),并依据三个维度综合判断省级司法行政机关各项职能的具体内容和履职方式是否合理。在下一章中,笔者将详细探讨省级司法行政机关履职状况的成因,并对省级司法行政机关职能的具体内容和履职方式是否合理、是否应调整作出进一步判断。

第三章 省级司法行政机关履职状况的影响因素

在上一章中,笔者通过实证研究了解了以 A 省司法厅为代表的我国当代省级司法行政机关的履职状况,并解释了其实际工作量变化的直接原因,为实现由履职状况到职能调整与相关改革的前瞻,在本章中,笔者将在"多重制度逻辑及其相互作用"的理论框架下对以 A 省司法厅为代表的我国当代省级司法行政机关的履职状况形成与变迁的深层次原因进行分析,并根据其成因作出判断。重点分析的现象有四:第一,在依法行政指导和法制(治)宣传层面,如何认识技术相关事务与政治相关事务并存甚至形式上合二为一的现象,及其背后体现出的党和国家与机关单位的互动,它们之间的互动是否合理?(主要是党和国家维度的因素)第二,在公共法律服务类职能下的法律服务管理层面,如何看待法律服务管理类职能履行形式上的日渐单一化?或者说如何看待单一化背后的一系列现象,包括:行业的市场化与专业化使省级司法行政机关原有的本应由市场与社会自治却由政府管理的事务日渐消失;既可以由政府管理也可以由市场与社会自治的事务(特别是技术相关事务)形式上日渐减少;在技术相关事务形式上日渐减少的同时,政治相关事务却基本未减少,省级司法行政机关在技术相关事务层面仍占有份额,仍然在无形中主导管理活动;在整个法律服务管理类职能履行单一化的同时,以 A 省司法厅为代表的省级司法行政机关正保持着对行业协会的掌控和同化,进而使得行业协会成为不纯粹的行业自治组织。在本书的理论框架下应如何认识这些现象?它们是否合理?是否需要调整?(市场与社会、党和国家、机关单位三个维度的因素并存)第三,存在明显矛盾冲突的行政复议与行政应诉职能"自己复议自己"和法学教育管理职能一度与司法机关相关职能冲突的现象该如何认识?(主要是机关单位维度因素)第四,如何理解几乎所有职能履行合乎规范以及部分职能履行虽合乎规范但省级司法行政机关主动减少了投入、部分职能履行"中规中矩"、部分职能履行过程中注重开展一些大型并具有吸引力的活动并使之不那么"中规中矩"?(主要是机关单位维度因素)

第一节 市场与社会维度:市场与社会的自治与自律

如前文所述,在省级司法行政机关法律服务管理类职能履行层面,市场与社会维度的因素有很明显的体现。作为政府的组成部分,各级司法行政机关是国家治理①的重要工具,而其治理的终极对象之一便是市场与社会。在中华人民共和国成立初期,虽然司法行政系统以法院行政事务管理为首要职能,并未直接面对市场与社会,但其法律服务管理类职能确实带有社会公共事务管理性质。改革开放后,司法行政系统绝大部分时间都是直接面对法律服务行业

---

① 在政治学意义上,"治理"是指政府组织和(或)民间组织在一个既定范围内运用公共权威管理政治社会事务,维护社会公共秩序,满足公众需求。参见俞可平:《中国的治理改革(1978—2018)》,载《武汉大学学报(哲学社会科学版)》2018 年第 3 期,第 48 页。本书中所称的"治理"均采用其政治学概念。

行使管理职能或执行相关事务。如此也难怪司法行政系统长期指出自己是"公共法律服务机关"。然而从严格意义上讲,市场与社会并非一项制度安排,也没有相对固定的行动机制,因此多被党和国家、机关单位作为一项参考因素而非实际参与人。具体到省级司法行政机关履职层面,虽然市场与社会并非司法行政制度建设的直接参与者,但作为最直接的受众,其依然可以影响司法行政机关部分职能的履行——各级司法行政机关在考量如何履行部分职能(特别是公共法律服务类职能下的法律服务管理类职能)时会以市场与社会环境为起点。而当各级司法行政机关履职时,市场与社会很有可能会做出反应,对各级司法行政机关产生反作用力进而影响司法行政机关的后续履职:若履职实践与社会现实契合,那么后续各级司法行政机关的履职就会更加顺利,取得的社会效果也会提升;反之,若履职实践与社会现实相违背,那么后续各级司法行政机关履职很容易反馈不佳,从而使得司法行政系统改变职能的具体内容和履职方式。换句话讲,司法行政系统的实际职能的具体内容和履职方式必须符合市场与社会发展的客观规律。诚如布莱克所言:"法律的知识是由社会决定的。"[①]

一、市场与社会自治的兴起

从理论上讲,当时间进入 20 世纪 80 年代后,随着后工业化时代的到来,政治与行政不再事无巨细地管理社会的方方面面。但是,政治与行政的部分抽离并不意味着权威和秩序的消失,"事实上人类社会一个基本的特点,可能就是无论怎么掩饰,影响、统治、权力和权威

[①] 〔美〕唐·布莱克:《社会学视野中的司法》,郭星华等译,法律出版社 2002 年版,第 105 页。

都无处不在"①。在生产力大幅提高、社会经济状况发生变化的复兴中,随着政治和行政权力的空间被压缩,留下的真空之处很快便被社会内在的"权威"所占据,即用市场与社会自我管理(市场与社会自治)取代了某种固定管理主体执行的具有统治形式的管理,如是,市场与社会自治就此兴起。

从现象上看,作为市场与社会机制的大量非政府社会组织的出现是市场与社会自治兴起的重要体现,之所以会出现这样的现象,主要是因为进入后工业时代后,社会复杂性日益增加,政府难以集中管理,其公共产品供给(管理与服务)的一般性和标准化与日渐多样化、复杂化和专业化的社会需求相冲突,所以,在社会需求层面,政府已无法填补因社会发展而日渐扩大的公共服务空白领域,而传统的公权力难以覆盖时,必然会有新的机制介入来承担相应职能——广泛分布、灵活有效且更加专业化的非政府社会组织便应运而生。一方面,工业时代生产力的发展、科技教育水平的提高缩小了政府系统、市场与社会组织之间的差距,封建时代几乎所有的优质技术和教育资源皆由政府占有的现象逐渐消失,市场与社会组织和个人与政府雇员之间的素质差距日益缩小,过去只有政府有条件、有能力从事之事,现在已有不少可由市场与社会承担。另一方面,如上文所述,工业化也使得市场与社会成分日益复杂,相比政府,位居"一线"的市场与社会组织更了解市场与社会机制运作的生态,于是,在部分领域的管理和服务层面,市场与社会组织能比政府做得更好。如此一来,当市场与社会组织具备了相应的能力且政府的淡出提供了相应的机会之时,市场与社会自治即开始兴起,政府和市场与社会组织的关系也开始转型。对此,有学者总结道,"大量非政府组织的出现催化了后工业化时代政府权威的弱化,政府权威的弱化又加速了非政府组织成长束缚的解

---

① 〔法〕莫里斯·迪韦尔热:《政治社会学——政治学要素》,杨祖功、王大东译,华夏出版社 1987 年版,第 15 页。

除,从而在公共管理与服务领域渐渐将政府和非政府组织拉到一个对等的层面,使得二者以合作的方式成为一个有效治理体系"①。换句话讲,在后工业化时代到来,政府由传统的管理型转向服务型之时,市场与社会机制必然随之兴起,并要求政府减少对相应事务的管理,而政府在客观上也日益难以插足日渐复杂的市场与社会。不过,对于我国而言,市场与社会自治兴起的条件不止这一因素——换句话讲,我国市场与社会自治的兴起是作为外因的政治与行政以及作为内因的市场与社会共同作用的结果。

有学者指出,中华人民共和国成立后到改革开放前,我国的社会结构形态可谓"总体性社会"。② "国家与社会合为一体以及资源和权力高度集中,使国家具有很强的动员和组织能力。"③也就是说,在社会学意义上,在改革开放前的国家治理中,市场与社会机制几乎是缺席的。一般而言,在国家治理中,政府、市场与社会三种机制缺一不可,三者任缺其一皆会造成国家治理的畸形并引发各种各样的问题。然而,并不能就此认为改革开放前我国以政府代行市场与社会机制就是无效治理,相反,中华人民共和国成立后能迅速结束社会分裂的状态并在较短时间内从"农业国"迈入"工业国",正是得益于这种治理模式。对此,亨廷顿指出:"共产主义国家一般都可以归入有效能国家范畴,而不属于式微的政治体制。"④从这个角度看,我国政府既有代行市场与社会机制的能力,又有相当丰富的经验,若总体性模式延续,我国市场与社会自治的兴起至少要推迟很长一段时间。但幸运的

---

① 张康之:《论"后国家主义"时代的社会治理》,载《江海学刊》2007年第1期,第103页。
② 参见孙立平、王汉生等:《改革以来中国社会结构的变迁》,载《中国社会科学》1994年第2期,第50页。
③ 孙立平、王汉生等:《改革以来中国社会结构的变迁》,载《中国社会科学》1994年第2期,第50页。
④ 〔美〕塞缪尔·P.亨廷顿:《变化社会中的政治秩序》,王冠华、刘为等译,生活·读书·新知三联书店1989年版,第1页。

是,就我国国家治理模式的演进历程而言,总体性社会仅是特殊历史时期的产物,当社会实现稳定、工业化的目标基本达成时,若不顾市场与社会的自然发展,令政治和行政力量继续代行市场与社会机制,很难保证经济建设不出现问题。如是,在吸取了诸多域外经验教训后,党和国家开始给予市场与社会机制足够的尊重,正如邓小平所言:"我们有些经济制度,特别是企业的管理、企业的组织这些方面,受苏联影响比较大。这些方面资本主义国家先进的经营方法、管理方法、发展科学的方法,我们社会主义应该继承。"①

除外部因素外,市场与社会的主观能动性也在很大程度上促进了市场与社会自治的兴起。虽然彼时政治与行政权力是国家治理的主体,但并不意味着市场与社会机制就毫无作为。事实上,市场与社会一直在发挥主观能动性——1978年安徽小岗村村民开创包产到户的行为正是市场与社会机制一次自发的、意义重大的变革,而随着小岗村包产到户的成功,党和国家亦认可了市场与社会机制的作用,并很快将其推向全国。这在很大程度上坚定了市场与社会的信心,也促进了市场与社会机制的恢复与发展。

于是,在这种政治与行政以及市场与社会、顶层与基层的相互作用下,国家治理的总体性(国家治理的政治与行政主体)开始削弱,自20世纪80年代起,我国市场与社会开始往多元化的方向发展,原先的总体性社会开始转型为一种新的社会结构——市场经济社会。市场经济激活了民众的微观活力,整个社会动了起来,逐渐向后总体性社会转变。但应当指出的是,政治和行政力量并未就此退出市场与社会,市场与社会的发展也不是一蹴而就的。在20世纪80、90年代,党和国家仍认为"计划调节"与"市场调节"是调节经济的"两种形式",虽然"计划工作要尊重价值规律",但仍是"以计划为主导",由此

---

① 《邓小平文选(第二卷)》(第2版),人民出版社1994年版,第235页。

可见,党和国家仍在很大程度上保留了政治和行政对市场与社会的控制力,政治和行政仍时常介入、干预市场与社会,总体性社会的强大支配力在当时并未大幅削弱。直到 21 世纪初,我国社会主义市场经济体制初步建立时,政治和行政权力直接干预市场与社会的现象才明显减少,市场与社会自治才开始加速发展。即便如此,政治与行政的影响力不仅未消失,甚至还十分强势,其不仅在市场与社会主体的总体发展方向(路线方针)及意识形态领域占有绝对的地位,还是悬在市场与社会活动头顶的达摩克利斯之剑,即"市场在资源配置中起决定性作用,并不是起全部作用"①。对此,有学者总结道:当前市场与社会存在三大特征,即存在有限的多元化;意识形态领域仍保持社会主义的基本符号体系,作为党组织整合与党内凝聚的基础;继承了全能体制下执政党的国家动员力的传统资源,作为实现本国现代化的权威杠杆。②

虽然当前我国还不完全具备后工业化时代的全部特征,但随着市场与社会机制的部分限制被解除,大量非政府的市场与社会组织由此涌现。自改革开放后国家的限制放宽以来,一些在中华人民共和国成立初期被官方"垄断"的服务性事务以崭新的姿态出现,如本书第二章提到的改革开放后我国法律顾问处改制、国有律师事务所和公设辩护人的市场份额被不断压缩,市场性、非官方的职业律师和律师事务所逐渐成为法律服务市场的主流,以及为满足市场需求而出现的民间司法鉴定机构及基层法律服务所。而在社会层面,原先因各种因素表面上趋于"无讼"的社会亦开始"撕下伪装",一时间大量民间纠纷如雨后春笋般涌现,改革开放前一度沉寂的社会自治网络也随之开始恢

---

① 《习近平:关于〈中共中央关于全面深化改革若干重大问题的决定〉的说明》,载人民网,http://cpc.people.com.cn/n/2013/1116/c64094-23561783-4.html,2019 年 9 月 13 日访问。
② 参见萧功秦:《后全能体制与 21 世纪中国的政治发展》,载《战略与管理》2000 年第 6 期,第 3—4 页。

复,如人民调解制度在 1980 年前后重新在基层社会生根,并一度呈现欣欣向荣的态势。总而言之,随着改革开放后总体性社会的来临,我国市场与社会不仅出现了一系列新兴事物,原先在总体性社会下本属于行政系统的实体也开始脱离体制,融入市场与社会的"自治"体系,市场与社会自治终于在我国兴起。对于我国市场与社会自治的兴起,从正面理解,即便是曾经"全能"的政府,也无法满足社会日渐复杂多样的公共服务需求,空白领域已经出现;从反面理解,随着总体性被削弱,社会机制与市场机制的束缚减少,其不再作为国家(政府)机关的延伸,而以独立的姿态在市场与社会中开展活动。但无论怎么理解,以非政府机构为代表的我国市场与社会组织正蓬勃发展,它们必然会促使政府减少管理权能,向服务型政府转变。[①]

具体到省级司法行政机关履职,特别是在法律服务管理类这种直接的市场监管和社会治理职能的履行层面,在改革开放之前,处于总体性社会的我国很少有真正意义上的非政府组织,强大的政治与行政力量全方位掌控了市场与社会,使一般意义上的市场与社会组织在很大程度上成为国家机关的延伸。直到改革开放后,这一情况才有所改变。但正如前文所述,我国市场与社会机制的发展在改革开放后经历了一个较为漫长的过程,大量所谓的非政府组织仍保有强烈的"公有"色彩,面对这些与自己"血脉相连"的组织,省级司法行政机关能够很方便地开展全方位的管理工作,如对律师工作机构的章程进行审核、指导工作人员开展业务等。更何况在 20 世纪 80 年代,省级司法行政机关还承担了法律服务行业的恢复重建工作(本应由市场与社会自治却由政府管理的事务),如培训律师、公证员等法律服务行业工作人员,主持、帮助建立新的行业协会、法律服务机构等。因此,尽管这一时期法律服务行业尚且"弱小",但在大量本应由市场与社会自治却

---

① 事实上,这正是未来我国政府转型的方向,党的十九大报告提出:"转变政府职能,深化简政放权,创新监管方式,增强政府公信力和执行力,建设人民满意的服务型政府。"

由政府管理的事务以及既可以由政府管理也可以由市场与社会自治的事务（特别是技术相关事务）的加持下，省级司法行政机关法律服务管理类职能的业务数量和工作人员的有效工作时间、工作强度依然呈上升趋势并维持着较高的水平。不过，随着我国工业化程度的提高和总体性的转型，对市场与社会机制的束缚不断减轻，省级司法行政机关的全方位管理也渐渐成为历史，既可以由政府管理也可以由市场与社会自治的事务（特别是技术相关事务）也开始减少。同时，新的非政府组织的出现也打破了司法行政系统的"管理垄断"局面。20世纪90年代，作为行业自治组织的律师协会、公证员协会等组织相继成立，它们的存在使得司法行政系统的法律服务行业"唯一管理者"地位受到了"威胁"——不久之后，司法行政系统便向行业协会转移了部分既可以由政府管理也可以由市场与社会自治的事务（特别是技术相关事务），这使得省级司法行政机关在管理方面的职权范围进一步限缩。更重要的是，进入21世纪后，法律服务行业的市场化和专业程度越来越高。具体而言，市场是一个公平竞争、自负盈亏之地，作为非市场主体的司法行政机关，既无法参与市场竞争，也无权调整各市场主体的份额（特别是在当前我国社会主义市场经济制度确立、国家调控日益审慎的情况下），面对那些原本受自己指导监督、与自己有些许"血缘关系"却在竞争中败下阵来并逐渐萎缩的市场与社会主体（如基层法律服务所和人民调解组织），司法行政机关也只能干着急，随着这些主体的没落，司法行政机关在这方面的管理权能也随之走向没落。除此之外，现代法律服务行业专业性较强和准入门槛较高（最典型的便是司法鉴定），更使得省级司法行政机关望而却步。对于省级司法行政机关而言，既没有深度涉足该行业所需的必备专业能力，也没有精力去主动干涉日益壮大的法律服务行业的正常业务活动，多站在"外行"的角度履职，尽管这样不违反法律规定和内部评估指标，但省级司法行政机关可以做的事相当有限。如此，在既可以由政府管理也可以由市场与社会自治的事务层面,省级司法行政机关自21世纪初起便越来越少地从业务和专业知识等技术的角度管理法律服务行业。

如此一来,当前A省司法厅公共法律服务类职能下的法律服务管理类职能业务日渐单一化的现象就不难解释了。在这方面,并非省级司法行政机关主观上消极怠工,而是总体性被削弱后,我国市场与社会机制的发展使得省级司法行政机关客观上履职范围缩小。可以预见的是,随着法律服务行业市场化和专业化程度的进一步提升,除非出现意料之外的情形,否则省级司法行政机关法律服务管理类职能中既可以由政府管理也可以由市场与社会自治的事务(特别是技术相关事务)的范围还将进一步限缩。

二、仍不成熟的市场与社会

如上文所述,总体性的削弱确实加速了我国市场与社会自治的进程,但政治与行政力量并未完全淡出市场与社会治理领域。事实上,政府本身就是现代市场与社会治理的必要组成部分,其在治理中承担了收入再分配、垄断的管制、保护无知或弱势消费者、创立法律以及其他社会规则等必要行政职能,司法行政机关法律服务管理类职能中只能由政府管理的事务正是建立在这一基础之上。不过,与域外法治发达国家相比,我国政府显然在市场与社会治理中承担了更多的职能。在既可以由政府管理也可以由市场与社会自治的事务(特别是技术相关事务)领域,以A省司法厅为代表的省级司法行政机关仍管理了一定数量的事务,拥有相当的权力并在实质上仍处于主导地位。从这个意义上讲,我国市场与社会自治还未达到域外理论描述的高度,即在不少政治与行政和市场与社会皆可管理的"模棱两可"的领域,政治与行政仍主管了相当一部分事务,完全由市场与社会管理的事务仍相对有限。对于这一情况的产生，笔者认为，市场与社会自身的因素是其直接原因。

客观地讲，即便是在一个高度发达、成熟的市场与社会环境中，市场失灵的现象仍时有发生，如市场与社会机制导致的失业与通货膨胀、区域经济发展不平衡、收入分配不公等，对这些现象进行调节便是政府的职责，即政府在市场与社会治理中扮演着必要角色。但对于不发达、不成熟的市场与社会而言，其还有另外的失灵状况：客观存在的非市场因素导致市场与社会机制的功能未完全发挥，包括市场经济发展较晚，普遍存在的城市经济发达而农村经济落后的不均衡现象，以及人为造成的非市场因素所导致的市场与社会机制的功能未充分发挥等状况。① 对于第二类失灵状况，20 世纪 50、60 年代的"大跃进"和"文化大革命"对市场与社会的破坏至今仍是我国市场与社会治理的教训。即便是在改革开放后计划经济转为市场经济乃至社会主义市场经济制度在我国确立后，第二种失灵的状况仍无法杜绝，原因在于：

其一，我国经济建设时间短，市场还未成熟，行业起步晚，区域经济发展不平衡等客观因素大量存在。党的十一届三中全会提出以经济建设为中心，社会主义市场经济制度已在我国确立，但对于我国而言，市场与社会都没有做好完全进入发达和成熟阶段的准备。我国经济依然没能完全摆脱对政府计划的依赖，对市场规则特别是国际市场规则的遵守和运用水平依然不是很高，这一点在 2015 年国内股市动荡中暴露无遗②；与此同时，东西部省份经济发展程度的巨大差距以及城市和农村市场与社会发展程度的差异是我国经济不成熟的表现，也是制约经济进一步发展的因素。

---

① 参见鲍金红、胡璇：《我国现阶段的市场失灵及其与政府干预的关系研究》，载《学术界》2013 年第 7 期，第 184—185 页。

② 参见〔英〕保拉·苏巴齐：《股市动荡暴露中国经济不成熟》，高歌译，载《国际经济评论》2015 年第 6 期，第 163—165 页。

其二,人为因素在影响市场与社会机制正常运作的诸多因素中仍占有重要比例。虽然我国经济制度已非计划经济模式,但"计划"的影子仍存留在当今的市场与社会治理中。简单地讲,在市场与社会领域,总有一些组织为满足自身或他人的利益而直接干扰市场与社会机制的运作,比较典型的如2011年温州市司法局和律师协会以行政手段禁止律师为动车事故受害者及其家属提供法律服务事件。① 除直接的干扰外,市场与社会还有可能在一些人为因素的作用下走偏,甚至与国家大政方针相抵触。事实上,A省司法厅工作人员认为,在法律服务行业,人为因素的干扰比客观因素的干扰更为频繁,破坏力更大,而当前的法律服务行业还没有做好独立面对并排除这些因素的准备,这样一来,市场与社会机制的失灵就在所难免了。

综合地看,市场与社会组织不成熟导致的机制失灵现象仍大量存在于我国经济社会活动中。在这一背景下,若仅因市场与社会自治的兴起而大幅削弱政治与行政力量管理的权限,给予市场与社会组织高度的自治权,很有可能导致严重后果。换句话讲,当今我国市场与社会组织虽有一定的自治能力,但还未形成成熟的自律机制,一旦市场与社会完全脱离政治与行政力量的管控,相关组织有可能走向极端,进而给社会经济带来严重损失。如是,鉴于当前市场与社会组织的实际情况,党和国家、机关单位继续承担比域外法治发达国家更多的职能,如继续在既可以由市场与社会自治又可以由政府管理的领域保持对法律服务行业的管理(特别是技术相关的管理)便不难理解了。不过,就法律服务行业管理本身来看,省级司法行政机关居于主导地位虽合理,但其权力过大,基于规则的"笼统"且许久未变,省级司法行政机关仍可以介入、干预法律服务行业管理的任意一方面,并由此形成和市场与社会自治组织的权责混

---

① 参见邓杭:《温州司法局和律协就禁止律师擅答家属咨询道歉》,载凤凰网,https://news.ifeng.com/c/7fa4VYw2Cla,2019年11月28日访问。

同,这对于市场与社会自治的进一步发展以及政府和市场与社会之间的分工协作不一定是件好事。

第二节 党和国家维度:政治与行政主导

如前文所述,在省级司法行政机关依法行政指导职能、法制(治)宣传职能和法律服务管理类职能履行层面,党和国家的因素体现明显,需要说明的是,笔者所称的"党和国家"选取自我国各类施政文件中的"党和国家"这一术语。换句话讲,"党和国家维度"在很大程度上是"执政党维度"。党领导政府是我国政治体制的一大特色,党是国家权力的核心,政府活动体现的是党的意志。改革开放之前,我国大政方针和具体部署是一元化、党政不分的,而具体执行和细节决策由政府机构及其党组负责。对于大政方针及具体部署,政府有建议权,但决定权在党中央。① 尽管在改革开放后,党政不分、以党代政的模式受到批评,但党的领导始终是放在第一位的。② 在党的十九大报告中,习近平总书记强调:"党政军民学,东西南北中,党是领导一切的。"笔者认为,无论党政关系如何,执政党始终无法事无巨细地代行,但其设计者、决策者的地位是无法撼动的,无论是中华人民共和国成立初期还是改革开放后,其始终扮演了顶层设计者的角色,国家的逻辑事实上是顶层设计者的逻辑。不过执政党的意志在法律上并不能直接成为指挥国家机关的依据,其必须经法定程序上升为国家意志,再交由国家机关贯彻执行。因此,笔者在本书中并未直接使用"党的维度"这一术语,而是选择了更为准确的"党和国家维度",这是需

---

① 参见《建国以来毛泽东文稿》(第七册),中央文献出版社1992年版,第268页。
② 邓小平指出:"我们的各级领导机关,都管了很多不该管、管不好、管不了的事。"参见《邓小平文选(第二卷)》(第2版),人民出版社1994年版,第388页。

要特别说明的。

具体到省级司法行政机关履职层面,从理论上讲,党和国家直接设计、决定了各级司法行政机关的建设方向,是各级司法行政机关宏观定位和职权配置的直接操控者。但在相对中观和微观的实际职能的具体内容和履职方式层面,党和国家却较少发挥直接作用——如前文所述,笔者的一个基本的判断是,党和国家很少直接决定司法行政机关的职能和履职的发展变化,多数情况下仅起到宏观主导作用。但是,并不能因此质疑党和国家在省级司法行政机关履职状况形成方面的作用:一方面,党和国家的直接指示会影响省级司法行政机关的履职实践;另一方面,省级司法行政机关履职一旦涉及政治性事务,势必会与党和国家产生联系,毕竟政府系统不是政治机关。如是,通过对党和国家的国家治理理念的分析,可以很方便地透视、阐释省级司法行政机关的履职状况特别是法制(治)宣传和法律服务管理类职能的履职状况。

一、必经的政府本位

在 A 省司法厅公共法律服务类职能下的法律服务管理类职能履职的实践图景中,不难看出,在 20 世纪 80、90 年代,以 A 省司法厅为代表的省级司法行政机关已成为法律服务的初创者、恢复者和提供者,即以行政力量建立或帮助建立具备市场性和社会性的法律服务机构,为民众提供有偿或无偿法律服务,管理大量本应由市场与社会自治却由政府管理的事务以及既可以由市场与社会自治也可以由政府管理的事务(特别是技术相关事务)。如前文所述,省级司法行政机关的此种做法得到了党和国家的直接指示——在党和国家的安排下,彼时包括省级司法行政机关在内的司法行政系统在法律服务管理层面皆以"尽快恢复重建法律工作者队伍和法律行业"为主要任务。[①] 客观地讲,省级司法行政机关依照党和国家的直接指示履职在逻辑上是没有任何问题的,但这一指示本身却值得品味——以目前的眼光来看,省级司法行政机关对该指示的理解和具体的做法有僭越之嫌:一个没有参与市场与社会竞争资格的行政机关公然设立或帮助设立市场性和社会性组织并借此参与市场经营活动,这已然超出所谓的"国有""国营"的范畴,毫无疑问是应当取缔的。然而,回顾那段历程不难发现,彼时省级司法行政机关建立和帮助建立市场性和社会性组织的行为不仅在当时得到各方的支持,时至今日亦被认为是司法行政机关的功绩之一。事实上,这些看似矛盾的现象不仅在省级司法行政机关的履职状况中存在,我国大量具有经济调控、市场监管和社会管理职能的行政机关或多或少都有这种经历——可以说这是我国国家治理中的一个普遍现象或者说一种逻辑。不过,在笔者看来,这种现象、逻辑其实既不矛盾,也无不妥。

在生产力不发达、市场与社会发展程度较低时,市场与社会的需求远未达到复杂化、多样化的地步,无论是政府提供还是市场与社会自主提供皆能满足需求。而20世纪80年代以后,由于技术的进步、生产力提高、人口数量激增等一系列因素,市场与社会的多元化、精细化程度已远超预期,传统的政府提供服务和传统的市场与社会组织提供的服务已无法满足需求。如是,不仅传统的市场与社会组织经历了一轮又一轮的淘汰,新兴的市场与社会组织亦在不断消亡与涌现,而无法像市场与社会组织那样变化自如的政府逐步将部分服务交给市场与社会机制。然而,这终究是理论化的国家治理的演进路径,对于政府、市场与社会长期不发达或发展不平衡的国家而言,其国家治理形态的演变却呈现另一种进路。

---

① 参见郭阳:《国家司法行政工作重新开局岁月点滴——忆在司法部恢复重建三十周年之际》,载《中国司法》2010年第3期,第28页。

无论从哪个方面看,我国近代至改革开放前夕,市场与社会的发展史与前文所述的理论化的国家治理演进路径都存在较大差异。特别是在中华人民共和国成立前和成立初期,受长年战乱等特殊因素的影响,我国市场与社会组织不仅没有长足的发展,反而有倒退的趋势。与之对应的是,我国建立了总体性政府(党和国家、机关单位),市场与社会被大量置于政府的管理之下,即便进入重建时期,市场与社会的需求开始逐渐显现,我国总体性政府的形态依然长期存在。在笔者看来,我国总体性政府和总体性社会之所以能存在如此长时间是有其历史合理性的:一方面,中华人民共和国成立后我国面临的形势依然严峻,无论是对外的国家安全还是对内的稳定形势皆需要一个强有力的政府来执行。另一方面,中华人民共和国成立后不久即开始的社会主义改革也需要一个总体性的政府通过行政力量强制推行,否则单凭市场与社会的自然演变是不可能在短时间内做到的。而在这两项工作基本完成之时,我国政府又有了新的使命——满足市场与社会的需求。总体上看,随着国内形势趋于稳定,市场与社会的需求开始扩张,民众如马斯洛需求层次理论描述的那样,由基本的温饱需求扩展至更高层次的需求——对此,中国共产党第八次全国代表大会总结道:"我们国内的主要矛盾,已经是人民对于建立先进的工业国的要求同落后的农业国的现实之间的矛盾,已经是人民对于经济文化迅速发展的需要同当前经济文化不能满足人民需要的状况之间的矛盾。"然而彼时我国市场与社会组织的自然发展速度却没能跟上市场与社会的需求扩张速度,《A省志》记载:1954年,一些地区不断反映,由于镇上(相当于县)没有律师,根本不能满足群众的法律需求。在这种情况下,由作为法律服务管理机构的司法行政机关主导,推进法律服务队伍建设,以尽快满足市场与社会的需求便在预料之中了。在市场与社会组织尚且弱小之际,作为国家治理三大支柱之一的行政就必须承担其大部分乃至全部职责,对此有学者总结道:在我国市场与社会机制还未成熟之时,要真正做到向"社会本位"转变和过渡,政府不仅要主动承担相应的社会治理职责,还需强化政府的社会治理职能。① 不过,如上文所述,这一时期的市场与社会组织很大程度上是行政机关的延伸,那时的国家治理事实上是政府本位(政府主体),而市场与社会层面的需求满足又与国家层面的工业化期望交织在一起,共同构成了我国总体性社会长期存在的基础。

相应的,即便到了改革开放后,这层逻辑亦未立刻消退。事实上,在经历了"文化大革命"后,改革开放初期的市场与社会组织皆相当弱小,市场与社会机制尚不足以独当一面,但民众的需求却如雨后春笋般纷纷涌现。如是,改革开放后民众的正常需求旺盛,然而市场与社会组织恢复重建进度缓慢,在此情形下,党和国家、机关单位再一次成为市场与社会治理的主导力量,在满足民众需求的同时促进市场与社会的发展。彼时,不仅党中央(党和国家)在宏观层面要求将工作重心转移至"经济建设"领域,在相对中观和微观层面也给了包括省级司法行政机关在内的司法行政系统尽快恢复重建法律行业的直接指示。如是,省级司法行政机关自行设立律师、公证、司法鉴定、基层法律服务工作机构,运用行政手段直接推动这些机构的发展等大量本应由市场与社会自治却由政府管理的事务以及既可以由市场与社会自治也可以由政府管理的事务(特别是技术相关事务),皆是这一国家治理逻辑的体现。不过,"青山遮不住,毕竟东流去",市场与社会发展的规律总会起作用,特别是在改革开放后我国借鉴了域外法治发达国家的国家治理模式之后,我国市场与社会的发展也日益精细化、复杂化、多元化,市场与社会自治在我国兴起。在这一背景下,政府本位开始向市场与社会本位转型,大量

---

① 参见周红云:《从社会管理走向社会治理:概念、逻辑、原则与路径》,载《团结》2014年第1期,第31页。

由省级司法行政机关设立的法律服务机构开始脱离省级司法行政机关,成为独立经营、自负盈亏的专业的市场与社会组织,省级司法行政机关也不再(或者说无力)新设法律服务机构和通过特邀工作人员等当前意义上的"非常规"手段支持法律服务行业建设,相关事务亦大幅减少。本应由市场与社会自治却由政府管理的事务因此逐渐在形式上消失,既可以由市场与社会自治也可以由政府管理的事务(特别是技术相关事务)也在形式上减少。

综上所述,在20世纪80、90年代我国市场与社会组织的发展历程中,政府本位是一个必经的环节,当时,党和国家在各方面的直接指示和国家治理的"全能",有力推动了我国市场与社会组织迅速构建、发展。因此,省级司法行政机关依照党和国家的直接指示在20世纪80、90年代采取"非常规"手段的行为不仅是正常的,还是必要的,否则仅以市场与社会组织缓慢的发展完善速度,市场与社会的正常需求很难得到满足。此后,如前文所述,在市场与社会组织发展到一定程度后,党和国家便不再指示司法行政系统"以恢复重建法律工作者队伍、法律服务行业"为主要任务,而是反过来要求包括司法行政系统在内的不少政府机关不得"从事商业经营活动"。再加上市场与社会自治发展的因素,省级司法行政机关便逐渐减少了对这些事务的管理。不过,省级司法行政机关虽放弃了对"非常规"的、本应由市场与社会自治却由政府管理的事务的管理,但在既可以由政府管理也可以由市场与社会自治的事务领域,其对市场与社会仍有强大的影响力和约束力——这与前文提到的市场与社会机制仍不成熟有相当大的关系。换句话讲,因市场与社会机制仍不成熟,目前我国的市场与社会治理虽不再是"全能"的政府本位,但依然是政治与行政主导。

二、政治任务的需求

如前文所述，在既可以由政府管理也可以由市场与社会自治的事务层面，以 A 省司法厅为代表的省级司法行政机关在管理技术相关事务的同时，也基本维持了党对法律服务行业的领导等政治相关事务的工作量。事实上，A 省司法厅工作人员称，政治相关事务一直是省级司法行政机关法律服务管理的重要职能，即便是市场与社会自治兴起、政府本位转型，省级司法行政机关也不会弱化对这一事务的管理——省级司法行政机关之所以未进一步淡出法律服务管理领域甚至反过来掌控、同化行业协会，很大程度上是因为要把党的领导落实到市场与社会治理各领域各环节。同理，省级司法行政机关依法行政指导和法制（治）宣传职能的重要任务亦是"在国家治理的各方面全面落实并加强党的领导"。对于上述现象产生的原因，笔者认为，这与我国党政关系或者说国家治理模式有关，即我国行政系统是党实现对市场与社会的领导、完成国家治理的重要执行者。换句话讲，我国承担市场与社会管理职能的行政机关并非单纯的行政管理者，全面落实党的领导、承担政治性事务是每一个行政机关的重要职能。

有学者指出，在古代和近代中国，行政系统与最高权力并非一体，二者实为对立又合作的关系。[①] 然而，这种情况在中华人民共和国成立后得以彻底改观：中华人民共和国成立后，党采用了列宁式政党的组织形式，拥有更严密的组织纪律，对行政系统也拥有更强的约束和动员力。如此一来，党的领导便能通过行政系统向下层（市场与社

---

① 参见〔美〕约瑟夫·列文森：《儒教中国及其现代命运》，郑大华、任菁译，广西师范大学出版社 2009 年版，第 73 页。

会)传达,以此落实党和国家对全国人民的领导和管理。然而,随着改革开放后总体性的削弱、市场与社会自治的兴起,市场与社会的具体状况已不同于改革开放前。在改革开放前和改革开放后的一段时间内,由于社会状况较为单一,党和国家依然通过群众组织与组织运动将群众与权威"同构"化(如人民公社、生产队等)。[①] 而到了20世纪90年代后期和21世纪初,市场与社会的多元化程度已大大提高,传统的群众组织式微,新的"社会人"和"社会组织"逐渐成为市场与社会机制的主角。这种情形明显超过了党和国家的预期,给党和国家的工作开展带来了新的挑战,越来越多的"社会人"处于没有固定的单位或者单位管理松散的状态,加上农村大量剩余劳动力涌入城市,流动人员数量急剧增加,而这些流动人员多处于户籍所在地管不了、流入地管不住的"真空"状态。[②]

　　管不过来并不意味着党和国家就此放弃了对市场与社会的管理。事实上,党和国家在不久后便完成了行为模式的转型,以一种新的形式出现在国家治理体系中,即"党委领导,政府负责,社会协调,公众参与"。虽然党和国家基本不再处理具体事务,但一定要实现对市场与社会政治和思想上的领导,确保市场与社会按正确路线演进。而在这一模式下,负有具体责任的政府(行政系统)便成为落实党委领导的执行者或媒介——事实上,随着市场与社会的日渐多元化,仅依靠党委、党组已应接不暇。为了完成对整个国家的精细化治理,党和国家必然要依靠组织庞大、严密而又高效的行政系统。如此,党和国家提出了新型社会管理模式:一方面,在新的管理模式下,市场与社会机制占有一席之地,党和国家以及政府机关过去包

---

　　① 参见陈洪杰:《转型社会的司法功能建构——从卡理斯玛权威到法理型权威》,载《华东政法大学学报》2017年第6期,第59页。
　　② 参见李学举:《加强社会建设和管理 推进社会管理体制创新》,载《中国民政》2005年第4期,第5页。

揽一切的模式得以改变,这对于非政府组织的壮大和政府机关由"市场与社会管理"向"市场与社会治理"转型,可谓是一大利好。另一方面,在党和国家很少处理具体事务的同时,作为党和国家治理工具的行政系统便成为主要执行者。需要指出的是,虽然这种市场与社会管理模式有进步之处,但起协调作用的市场与社会机制和作为参与者的公众依然处于"弱势"地位,党和国家所代表的国家权力和行政权力依然是市场与社会管理的绝对主力,政府、市场与社会亦非真正意义上的平等合作关系。虽然党的十八届三中全会将"社会管理"改为"社会治理",但这种模式还未得到根本的改变。简单地讲,行政组织扩张到哪里,国家权力也就扩张到哪里。① 总的来说,改革开放后,行政系统在全面落实党的领导,完成对市场与社会的管理方面发挥了重要作用,行政系统也随着党的领导的全面加强以及市场与社会的多元化而不断扩张,最终深入市场与社会的众多领域。

具体到省级司法行政机关公共法律服务类职能下的法律服务管理职能履行层面,笔者认为,作为我国行政系统组成部分的各级司法行政机关在很大程度上是党和国家对法律服务行业进行政治领导和思想领导的媒介、工具。当各级司法行政机关履职特别是履行管理政治相关事务的职能时,即是向法律服务各行各业传达党和国家的意志,全面落实党的领导。从这个角度看,省级司法行政机关全面落实党对法律服务行业的领导等政治相关事务维持不变及掌控行业协会的行为就很好理解了:对于每一个法律服务行业,省级司法行政机关必须保持对它的管理,以确保它不会成为党和国家意志之外的"法外之地";同时,掌控行业协会能在很大程度上帮助司

---

① 与之类似的有:苏力认为,"今天的司法下乡是为了保证和促使国家权力,包括法律力量,向农村有效渗透和控制"。参见苏力:《送法下乡:中国基层司法制度研究》(第3版),北京大学出版社2022年版,第29—30页。

法行政机关完成相应的工作。事实上,从根本上讲,省级司法行政机关的职能架构之所以形成今天"点多、线长、面广"的纷繁复杂的局面,并非完全是省级司法行政机关自身的意志:总体性削弱后,市场与社会机制迅速发展,社会精细化和多元化程度日渐加深,新兴的法律服务业务大量涌现,市场与社会一时间出现了"真空"地带。与此同时,党和国家不允许这种"真空"地带长期存在,作为党和国家意志传播媒介的省级司法行政机关必须具备对新兴法律服务领域的管理权,以指导、监督等形式完成党和国家对该领域的领导。然而,如前文所述,虽然省级司法行政机关管理众多法律服务行业,并在市场与社会机制还未成熟的20世纪80、90年代管理了大量本应由市场与社会自治的事务,但随着市场与社会机制的阶段性完善和社会需求的多样性发展,法律服务行业的市场性、专业性已达到较高水平,省级司法行政机关便越来越难以管理法律服务行业的业务活动,在既可以由政府管理也可以由市场与社会自治的事务领域(特别是技术相关事务领域)能够做的事情也越来越少。即便如此,省级司法行政机关不仅不能就此放弃对法律服务行业的管理,还必须继续坚守在管理岗位上,即便在某些领域是"人浮于事",省级司法行政机关也要为全面落实党的领导而坚持下去,特别是在全面加强党的领导的背景下,司法行政机关对法律服务行业的管理尤其显得意义重大。A省司法厅在2014年后开展了大量政治相关事务工作以加强律师队伍思想政治建设,这正是践行党和国家意志、全面落实党的领导的体现。

与此同时,基于党和国家传达自身意志,实现党的领导的需求,宣传工作对党和国家而言可谓头等大事——自中华人民共和国成立以来,宣传工作就受到党和国家的高度重视,就算是改革开放后社会环境发生变化也未改变宣传工作的地位。习近平总书记在全国宣传思想工作会议上强调"宣传思想部门承担着十分重要的职责,必须守土有责、守土负责、守土尽责"①。尽管以"技术宣传"(法律普及)命名,但作为宣传工作的组成部分,法制(治)宣传承担了重要的政治任务,无论是在改革开放前还是改革开放后,法制(治)宣传一直承担着将党和国家的意志向单位和社会传递的重要任务,正如昂格尔所言,人民法庭、各式各样的委员的首要任务就是调和法律的这两个方面,既用官僚的法律教育人民又允许他们开始管理自己。② 法制(治)宣传作为法治教育的重要体现,在我国党政机关职能体系中占据重要位置。随着党的领导的全面加强,各级司法行政机关法制(治)宣传职能的具体内容自然得以增加。不过,除政治宣传外,法制(治)宣传同样是技术宣传,向民众普及法律法规同样是法制(治)宣传职能的重要组成部分,在我国法制(治)建设水平日益提高,法律法规日渐丰富的情况下,司法行政机关法制(治)宣传职能技术层面的具体内容自然也"水涨船高"。如是,在政治内容和技术内容双双增加的背景下,省级司法行政机关法制(治)宣传工作的业务量和工作人员的有效工作时间在这一时期一直保持较高水平并大体呈上升趋势。在未来党的领导进一步加强、我国法治建设水平进一步提高的趋势下,笔者预计,未来一段时间内省级司法行政机关法制(治)宣传职能的业务量和工作人员的有效工作时间还会继续增加。同理,在依法行政指导层面,原政府法制办公室较为纯粹的技术性依法行政指导职能在近年来得以升格,并带有一定的政治属性。如此,笔者认为,在依法行政指导履职层面,省级司法行政机关技术相关事务与政治相关事务并存甚至在形式上合二为一是合理的。

---

① 《做好宣传思想工作,习近平提出要因势而谋应势而动顺势而为》,载新华网,http://www.xinhuanet.com//politics/2018-08/22/c_1123307452.htm,2019 年 9 月 13 日访问。
② 参见〔美〕R. M. 昂格尔:《现代社会中的法律》,吴玉章、周汉华译,译林出版社 2008 年版,第 197 页。

第三节　机关单位维度：省级司法行政机关的"不管"与"管"

客观地讲，省级司法行政机关所有职能的履行细节几乎都受机关单位维度的影响。事实上，在我国政治生态中，各机关单位具有建议权，可以通过正式的机制影响党和国家的最终决策。建议的形式多种多样，既有各机关拟定详细方案，党和国家进行审批的，也有党和国家出台草案、各机关提出修改意见的。在相对中观和微观的实际职能的具体内容和履职方式层面，作为具体执行者，各机关对事务具体如何处理具有最直接的话语权，一项职能的外在表现形式最终还是取决于相关单位如何履行。总而言之，在履职状态变化特别是在实际职能的具体内容和履职方式的形成与变迁方面，机关单位本身确实是一个重要因素，它多影响履职状况，特别是职能的具体内容和履职方式的细节。但需要强调的是，我国不少规则体系和制度安排是由多个政府部门联合制定、发布的，其所代表的也是多个国家机关的意志、利益。每个机关单位的一把手不仅要与上级单位沟通，还要与平级单位沟通，协调多方利益，以实现工作和改革的顺利开展。特别是像省级司法行政机关这种不少职能与其他国家机关息息相关的单位，若不注重沟通协调，不少工作便独木难支。因此，笔者所说的"机关单位维度"不单是指省级司法行政机关，法院、检察院等与省级司法行政机关履职密切相关的单位也是重要主体。

具体到省级司法行政机关履职层面，如前文所述，尽管以A省司法厅为代表的省级司法行政机关几乎所有职能的具体内容和履职方式均符合规范，多数职能在履行实践中不需要处理与其他单位的关系，或有明确规范规定其与其他单位的关系，但行政复议与行政应诉职能存在内部冲突和法学教育管理一度存在外部冲突。客观地讲,此方面能分析的内容并不多,不少问题可以有直接的结论。然而,在调研过程中,结合省级司法行政机关部分职能部门的表现(如前文提到的 A 省司法厅向笔者强调单位每年组织律师开展了多少大型、创新、有吸引力的活动),笔者发现了以 A 省司法厅为代表的省级司法行政机关履职实践中自行考量层面的规律(机关单位维度的规律)。如是,笔者将在下文进行理论分析。

一、政法体系中的"不管部"[①]

如前文所述,以 A 省司法厅为代表的省级司法行政机关存在行政复议与行政应诉职能"自己复议自己"和法学教育管理职能一度与司法机关相关职能冲突的现象。笔者认为,它们的成因与省级司法行政机关和其他机关单位之间的关系息息相关。当今的省级司法行政机关是由原省级司法行政机关与原政府法制办公室合并而来的,因而在与其他国家机关的关系层面集中体现为原省级司法行政机关与原政府法制办公室各自与其他机关单位的关系的集合。就原政府法制办公室而言,其虽与不少国家机关在履职层面有交集,但与各方的关系却十分明朗——依据学术界和实务界的说法,原政府法制办公室是政府依法行政方面的参谋、助手和法律顾问。在履职层面,其与其他机关单位是组织与被组织、指导监督与被指导监督、复议与被复议的关系——这就使得行政立法、依法行政指导以及行政复议与行政应诉三项职能的具体内容和履职方式相对中规中矩(因为既有的关系、合

---

① 这里的"不管部"参考了英国历史上"不管部"(minister without portfolio)的概念,指政府中不专管某一事务的部门,本书中进一步衍生为专管其他机关单位不方便管或归属一时难以确定但又不得不管的事务的部门。

作模式已有清晰的规则或解释)。不过,如前文所述,在原省级司法行政机关与原政府法制办公室合并后,双方"复议与被复议"的关系即被打破,出现了"自己复议自己"的情况。客观地讲,原先的政府法制办公室之所以能复议其他机关单位的行政行为,很大程度上取决于自身中立、超然的地位,但在与司法行政机关合并后,这种中立、超然的地位便不复存在,省级司法行政机关本身即是各种利益关系中的一员。因此,在合并前,原省级司法行政机关本应处理好与原政府法制办公室的关系,但遗憾的是,这层关系并未得到梳理,矛盾也从理论变为现实。如此,尽管行政复议与行政应诉职能的履行存在现实冲突,但其成因和背后的理论皆相对简单,并没有多少值得深度挖掘的价值。然而目前不存在现实问题却一度存在冲突的法学教育管理职能的变迁史却相当有研究价值。笔者认为,以 A 省司法厅为代表的省级司法行政机关法学教育管理职能的具体内容和履职方式一度与司法机关的相关职能产生冲突,最终又主动妥协并因此衰落的历史,影射了我国司法行政系统"弱司法行政机关"的状况和政法系统"不管部"的地位,这一情形也决定了未来法学教育管理职能的命运。

  在 2018 年司法行政机构改革前,我国司法行政系统是在借鉴苏联模式的基础上,经过本土化改造建立起来的。事实上,不仅是司法行政机关,我国整个政法体系自中华人民共和国成立便受到苏联模式的巨大影响,即使在改革开放后相当长的一段时间内,我国政法体系的框架仍留有苏联的影子(如检察机关是司法机关,但长时间具备国家监察机关和国家公诉机关的双重地位)。如此一来,我国政法体系的生态与苏联政法体系的生态事实上高度相似,而我国司法行政机关也同样会扮演与苏联司法行政机关相似甚至相同的角色。如此,透过苏联司法行政机关的命运,可以较方便地透视我国司法行政系统和政法体系,进而理清我国司法行政机关与其他政法机关的关系,进一步分析我国省级司法行政机关履职状况形成与变迁的原因。

对于苏联而言，在其国家治理体系中，司法行政机关缺乏监督制约公检法的手段。而在借鉴了苏联政法体系的我国政法体系中，这一点也相当明显。虽然有学者认为，司法行政机关与公检法之间是"互相配合、互相制约"的关系①，但这只不过是一种理想，事实上无论是从法律规定还是从实践角度出发，在当前的制度设计中，司法行政机关的确缺乏制约公检法的手段：在司法行政机关尚具有法院司法行政事务管理职能和司法（调查）统计职能时期，虽然司法行政机关借此与法院建立了密切的联系，但就法院司法行政事务管理职能和司法（调查）统计职能本身而言，它们在法理上并不具备制约法院的能力，而在这两项职能被划走后，司法行政机关的处境更为尴尬。现行《刑事诉讼法》虽规定了检察机关对司法行政机关刑罚执行事务的监督职能，却未赋予司法行政机关监督制约其他政法机关的权力，仅在第 273 条规定："罪犯在服刑期间又犯罪的，或者发现了判决的时候所没有发现的罪行，由执行机关移送人民检察院处理。被判处管制、拘役、有期徒刑或者无期徒刑的罪犯，在执行期间确有悔改或者立功表现，应当依法予以减刑、假释的时候，由执行机关提出建议书，报请人民法院审核裁定，并将建议书副本抄送人民检察院。人民检察院可以向人民法院提出书面意见。"第 275 条规定："监狱和其他执行机关在刑罚执行中，如果认为判决有错误或者罪犯提出申诉，应当转请人民检察院或者原判人民法院处理。"其中间接提及司法行政机关有向检察机关移交服刑罪犯新罪行和申诉、控诉的义务，以及建议法院减刑假释的权力。不难发现，在这些业务往来中，司法行政机关并没有决定权，相关事务如何处理完全取决于检察院和法院，司法行政机关在很大程度上只是服刑罪犯与法院、检察院之间的中间人。

同时，借鉴苏联的政法体系最终使得司法行政机关成为"不管

---

① 参见杨以才：《司法行政机关与公、检、法机关之关系问题初探》，载《中南政法学院学报》1987 年第 1 期，第 54 页。

部"。有学者指出,我国国家权力配置的实质标准为"权力行使的正确性",即强调国家效能和治理能力,将各种国家任务的相应职权配置给在组织、结构、程序、人员上具有优势的国家机关。① 换句话讲,越是与某机关单位既有职能密切相关的事务,越可能被配置给该机关单位,这就在客观上给司法行政机关的职能提供了前提条件。具体而言,现代法治国家需要一个政府法律部门来处理政府法律事务,因此域外法治发达国家设置了司法部或法务部作为政府的法务部门,既代表政府行使公诉、监察、法律服务的职能,又充当政府法律顾问。然而我国政府法律事务的内涵和外延却不同于域外法治发达国家:检察机关是司法机关,政府法律顾问的角色长期由政府法制办公室充当。在这种情况下,改革开放后大量剩余的、繁杂的政府法律事务和部分实质上应由市场与社会自治的事务涌入政法体系,司法行政机关便依照早期借鉴苏联模式的制度安排,自设立之初就具备法律服务行业管理、法学教育管理等政府法律事务管理的资格,并在后期因政府权力配置的调整获得了自由刑执行(社区矫正)的权力,使得司法行政机关在国家任务承担方面上成为在组织、结构、程序、人员上具有优势的国家机关。不仅改革开放前的一些政府事务由恢复重建后的司法行政机关承办,大量改革开放后新出现的法律服务管理事务,国家司法(法律职业资格考试)事务以及后续衍生的自由刑执行事务(社区矫正)也自然而然地归到司法行政机关名下。然而,政府法律事务的内涵和外延极不明确,我国又对政府法律事务进行了拆分,并将其中范畴较为清晰的部分(政府法律顾问)划给了其他机关单位,给司法行政机关留下的基本是范畴不确定的部分,这就在客观上直接冲击了司法行政机关的职能定位和后续的职权配置。如此,在其他政法机关有清晰的职权范围之时,各级司法行政机关就成了我国政法系统中的"不

---

① 参见张翔:《我国国家权力配置原则的功能主义解释》,载《中外法学》2018年第2期,第281页。

管部"。

作为"不管部"的各级司法行政机关在一般情况下负责一些被公检法"遗忘""不在意"或"暂时无条件开展"的政府法律事务,而一旦公检法有条件开展时,这些事务便会从司法行政机关划走。事实上,笔者所说的这种现象便是前文所述的省级司法行政机关法学教育管理职能履行状况变迁的真实情形:改革开放后,司法行政系统恢复重建的契机很大程度上是其他政法机关(主要是法院)恢复建制和司法培训的需求[1],有鉴于司法部和省级司法行政机关是之前唯一有经验(组织、结构、程序、人员上具有优势)的国家机关且彼时其他政法机关均不具备相关的条件,党和国家基于"权力行使的正确性"的标准恢复了司法行政系统。从结果上看,司法部与包括A省司法厅在内的各省级司法行政机关恢复重建后头几年最主要的业务也是协助法院恢复建制(两年后即划归法院系统)和司法干部培训,这便是A省司法厅法学教育管理职能在20世纪80年代和90年代前期业务量较多、工作人员有效工作时间较长的原因。不过好景不长,随着法院、检察院意识到司法干部培训的意义所在并具备自行开展的能力后,20世纪90年代中期,法院、检察院相继建立了自己的司法干部培训体系,随后政法院校管理权也被划出省级司法行政机关,其法学教育管理的职能也就此丢失,这便是A省司法厅法学教育管理职能在20世纪90年代中期业务量和工作人员有效工作时间"断崖式下跌"并最终名存实亡的根本原因。客观地讲,按照目前的现实状况,省级司法行政机关想恢复法学教育管理职能基本是不可能的。对此,笔者认为,省级司法行政机关法学教育管理职能履行的"无所事事"虽令人惋惜,但也无可奈何,未来这一职能或许会从省级司法行政机关正式的职权配置中消失。

---

[1] 参见郭阳:《国家司法行政工作重新开局岁月点滴——忆在司法部恢复重建三十周年之际》,载《中国司法》2010年第3期,第28页。

二、履职实践中的"管好"

如前文所述,以 A 省司法厅为代表的省级司法行政机关几乎所有职能的具体内容和履职方式皆符合彼时或现行规则,这一方面与相关规则体系的"笼统"有很大关系,另一方面也说明省级司法行政机关履职的态度,即"尊重规则""以规则为底线"。虽然在我国提倡依法行政、法治政府的背景下,省级司法行政机关遵守规则的行为相当正常,但结合上文提到的 A 省司法厅工作人员对笔者强调的内容,笔者发现以 A 省司法厅为代表的省级司法行政机关履职实践中对职能的具体内容和履职方式自行考量的规律——如前文所述,部分职能履行虽合乎规范但省级司法行政机关主动减少了投入,部分职能履行基本"中规中矩",以及部分职能履行过程中注重开展一些大型、具有吸引力的活动并使之不那么"中规中矩",这些皆昭示了省级司法行政机关履职实践中的"管好"之道。

在我国政法体系中,省级司法行政机关成为"不管部",专司其他政法机关不想管、暂时无力管或权力归属不明的法律事务。这就使得司法行政系统的业务显得"多而杂"且在某种程度上缺乏核心竞争力。一旦其他国家机关具备相应的条件或党和国家的制度设计改变,那么司法行政系统的不少职能甚至一些重要职能(如监狱管理、强制戒毒管理等)均会瞬间丧失。不过,即便面临此种困境,司法行政系统也并非无所作为。在笔者看来,自司法行政系统恢复重建以来,以司法部和 A 省司法厅为代表的省级司法行政机关一直在努力改变这一情形,即便不能摆脱"不管部"的地位,也要提高自己的身价(竞争力),而主要的方式是"管好",这一点无论是在与政府法制办公室合并前还是合并后都未曾改变。

从理论上讲,一个(大型)官僚组织的死亡是因为其没有能够执行足够重要的社会职能(分三种情况:职能不再重要;职能仍然重要但组织已无法有效地履行;职能仍然重要但其他组织能更好地履行)①,这在某种程度上与我国国家权力配置的"权力行使的正确性"原则相通。同样,作为国家机关的各级司法行政机关也面临这种状况,其必须想方设法履行职能并尽可能地做出成绩才能避免职权被削弱乃至被撤销。事实上,1982年法院的司法行政事务管理职能的丧失正是基于这一理由,在某种程度上也给了司法行政系统压力。如是,各级司法行政机关不仅不能因为自己沦为"不管部"而在履职层面放任不管,反而更需要履行好自己既有的职能。

如前文所述,各级司法行政机关宏观层面职能的具体内容和履职方式与党和国家存在直接的关系,党和国家通过法律法规直接决定了司法行政系统能干什么、应干什么,司法行政系统在这一层面并没有太多的选择权;但在中观和微观层面,特别是实际履职层面,司法行政系统还是有一定自由发挥的空间的。如此就为"管"提供了前提。不过,对于司法行政系统而言,"管"是一回事,"管好"又是另外一回事,如若资源充足,以A省司法厅为代表的省级司法行政机关会"管好"每一项职能。不过,行政资源的有限性决定了省级司法行政机关不可能在每项职能上投入同样多的资源,在履职实践中,必然会有轻重缓急和取舍——这就成为前文提到的以A省司法厅为代表的省级司法行政机关在部分职能履行层面"虽中规中矩但主动减少投入"、在部分职能履行层面"中规中矩而不减少也不增加投入"、在部分职能履行层面"在中规中矩之外还增加了投入(组织大型、有吸引力的活动)"的重要原因。事实上,在司法行政机关看来,所有的职能皆有轻重缓急之分,某些职能法定任务不明晰(或者说难以量化)且业已衰

---

① 参见〔美〕安东尼·唐斯:《官僚制内幕》,郭小聪等译,中国人民大学出版社2006年版,第23页。

落,那么主动减少在这些职能上的投入,将更多的资源用于其他方面便是"合理"之举了,典型的如前文提到的基层法律服务管理职能,行业的大幅萎缩以及司法行政机关主动投入的减少,直接导致其实际工作量的大幅下降以及履职方式的改变。虽然某些职能没有衰落或工作量增长缓慢,但省级司法行政机关本身在履职过程中没有多大利益(如该职能容易增加自己的"曝光度",给自己带来更多的现实优势等)或没有多少发挥空间,以A省司法厅为代表的省级司法行政机关不减少也不增加投入,仅完成任务也是"合理"的,典型的如前文提到的核心权力集中在中央、省级司法行政机关职权范围较小的组织实施国家司法(法律职业资格)考试职能、行政立法、依法行政指导、行政执法监督、合法性审查、社区矫正和人民监督员管理等职能,以及没有多少现实利益的公证管理和司法鉴定管理职能。首先在组织实施国家司法(法律职业资格)考试、行政立法、依法行政指导、行政执法监督、合法性审查、社区矫正和人民监督员管理等层面,地方司法行政机关没有足够的自由发挥这些职能的空间,因此司法行政机关仅选择了完成任务。不过,在各职能的履行细节方面,省级司法行政机关还是下了一定功夫的,如有鉴于组织实施国家司法(法律职业资格)考试职能的具体内容的时段性和集中性,以A省司法厅为代表的省级司法行政机关选择了集中全厅的力量组织实施国家司法(法律职业资格)考试,以保证及时完成任务;又如在合法性审查领域,以A省司法厅为代表的省级司法行政机关在合法性审查事务数量不断增长时开始考虑以"政府购买法律服务"的方式减轻自身工作压力,在保证质量的前提下按时完成任务。这些都是省级司法行政机关在履职实践中合理而富有创造性的举措。其次在公证管理和司法鉴定管理层面,尽管法定任务难以量化、行业没有萎缩、省级司法行政机关有一定的自由发挥空间,但在市场与社会发展的前提下,省级司法行政机关有能力"做好"的事客观上确实在减少,且这两项职能的履行实践无法给司法行政机关带来多大的现实利益（客观地讲，公证和司法鉴定很难有像律师行业那样的"曝光度"），因此如前文所述，以 A 省司法厅为代表的省级司法行政机关的公证管理和司法鉴定的履职实践基本是符合法律法规的，但整体看起来有些"中规中矩"。

不过就某些职能而言，仅完成法定任务是远远不够的，司法行政系统需要证明自己"权力行使的正确性"，即在一些有"曝光度"和"吸引力"的领域，以 A 省司法厅为代表的省级司法行政机关还要求"管好"或者说"出新"（创新），简单地讲就是要在履行部分职能过程中做出一些吸引上级和外界关注的"成绩"（在某种程度上类似于政绩），典型的如法制（治）宣传职能和律师管理职能。在此种思想的引导下，以 A 省司法厅为代表的省级司法行政机关在履行上述职能过程中会刻意开展一些大型、具有吸引力的事务，而鉴于这两项职能性质的差异，以 A 省司法厅为代表的省级司法行政机关在履职过程中的"出新"亦存在形式和性质的差异：在法制（治）宣传层面，以 A 省司法厅为代表的省级司法行政机关不仅采取了创新普法形式、大量利用新媒体开展宣传活动的方法，还在宣传工作上亲力亲为，即每年组织全厅工作人员深入乡村和民族地区开展法制（治）宣传活动，在完成普法计划的同时实现"出新"的目标。而律师管理职能的"管好"或"出新"却是另外一种情况——虽然在 20 世纪 80、90 年代省级司法行政机关以行政手段直接推动了市场与社会的发展，圆满地完成了任务，也出了不少"成绩"，但随着市场与社会多元化、专业化、复杂化程度的加深以及党和国家推行"令市场在资源配置中起决定性作用"，司法行政机关再想以相同的方式出"成绩"已是不可能之事。如前文所述，当前司法行政机关的业务指导监督在客观上已很少开展，而在占主要比例的非业务指导监督（在法律服务行业全面落实党的领导）层面"出新"则是相当困难的，在法律服务管理类职能履行方面，司法行政机关愈来愈"剑走偏锋"：其一便是前文提及的通过掌控、同化行业协会保证自身意志得以实现,从而尽可能地"管好"日益萎缩的既可以由政府管理也可以由市场与社会自治的事务(特别是技术相关事务)。其二则是开始组织一些大型而又有"吸引力"的活动,如前文提到的 A 省司法厅组织律师参加大型公益活动。坦率地讲,此种履职方式广义上仍算作管理,但与法律服务行业发展的关系却若即若离。客观地讲,这种以管理者和服务提供者为导向而非以管理服务对象为导向的履职方式在行为逻辑上有些"自私",但站在司法行政机关的立场,这却是无奈之举:当前律师管理和整个法律服务管理领域并没有多少供司法行政机关自由发挥的余地,要想迅速做出"成绩"或"增加曝光度",除了以上活动,似乎并没有别的捷径。不过,即便是上述非常规的履职活动,司法行政机关付出的心血也绝不比规范化的履职要少,且司法行政机关对这些活动的期待在一定程度上要高于规范化的履职——正如前文所述,在 A 省司法厅的年度工作报告中,大型而有吸引力的履职活动一直被写在显眼的位置,A 省司法厅的主要领导在向上级汇报工作时也特别强调本单位组织开展了多少"大而新"的活动。而这一切皆是为了省级司法行政机关的生存和持续发展。

总而言之,在笔者看来,以 A 省司法厅为代表的省级司法行政机关的履职实践充分反映了其在履行职能时面临的一般状况,即在行政资源有限的情况下,必须对所有职能进行取舍,从而证明自身"权力行使的正确性"。事实上,在笔者看来,不只是省级司法行政机关,几乎每一个国家机关的履职或多或少都存在这种状况。然而无论怎么取舍,以 A 省司法厅为代表的省级司法行政机关仍以完成法定任务或者说以合乎规范作为履职的底线。因此,对于省级司法行政机关所有职能的履职状况(实际职能的具体内容与履职方式)而言,其实践既因"权力行使的正确性"而呈现细节的不同,也因"权力行使的正确性"在底线层面呈现共通性。

第四节　小结：多重因素影响下的省级司法行政机关履职状况与判断

通过前文的分析,笔者认为,虽然以 A 省司法厅为代表的省级司法行政机关的履职状况受到市场与社会、党和国家以及机关单位三个维度和这些维度背后牵扯的多个复杂因素的影响,但总体而言,以 A 省司法厅为代表的省级司法行政机关履职状况的变化,还是有几条完整的逻辑线的:

第一,在我国市场与社会发展缓慢、尚未成熟的时期,为满足民众需求,作为国家治理三大支柱之一的政府(政治与行政)必须承担暂时代行市场与社会机制的职责,成为市场与社会治理的主体,在满足需求的同时,为向市场本位和社会本位过渡创造前提条件。因此彼时为了满足法律服务需求,尽快建立现代化的法律服务体系,在党和国家的指示下,司法行政系统承担了大量本应由市场与社会自治却由政府管理的事务以及既可以由政府管理也可以由市场与社会自治的事务(特别是技术相关事务),这成为以 A 省司法厅为代表的省级司法行政机关在 20 世纪 80、90 年代法律服务管理职能的重要内容。而后,随着市场和社会机制日渐成熟,法律服务行业的市场化和专业化程度日渐加深,市场与社会自治兴起,以 A 省司法厅为代表的省级司法行政机关在本应由市场与社会自治却由政府管理的事务形式上逐渐消失,既可以由政府管理也可以由市场与社会自治的事务(特别是技术相关事务)层面能做的事客观上也越来越少。如是,在进入 21 世纪后,以 A 省司法厅为代表的省级司法行政机关公共法律服务类职能下的法律服务管理类职能的数据便呈下降的态势。然而,我国市场与社会并不成熟,仍需要政治与行政力量的介入和引导。就算成熟,作为政府组成部分的各级司法行政机关依然需要继续作为市场与社会治理的参与者之一在既可以由政府管理也可以由市场与社会自治的事务领域继续履职。如此一来,不论工作有多难开展、数据有多"低",以 A 省司法厅为代表的省级司法行政机关仍要坚持履行公共法律服务类职能下的法律服务管理职能,这是司法行政系统作为市场监管者、社会管理者和服务提供者的义务所在。

第二,作为党和国家意志执行者的司法行政系统是法律服务行业的管理者,其担负着全面落实党对法律服务行业的领导等政治性任务。因此,既可以由政府管理也可以由市场与社会自治的事务领域的政治相关事务一直是以 A 省司法厅为代表的省级司法行政机关法律服务管理类职能的固有内容,其并不会因市场与社会自治的兴起而削弱,这是司法行政机关掌控、同化法律服务行业协会的原因之一。同时更直接的"领导"(意识形态)工作——依法行政指导和法制(治)宣传,亦由此成为以 A 省司法厅为代表的省级司法行政机关履职的主要内容之一,其职能的具体内容和履职方式包含政治相关事务与技术相关事务两方面的内容也就再正常不过了。

第三,作为政法系统的"不管部",以 A 省司法厅为代表的省级司法行政机关"暂时"履行了一些其他政法机关"遗忘""不在意""暂时无条件开展"的职能,当相关机关单位有心有力时,以 A 省司法厅为代表的省级司法行政机关的一些"模棱两可"的职能就被划走了,相关的履职数据自然也就断崖式下跌(如法学教育管理职能)。与此同时,以 A 省司法厅为代表的省级司法行政机关的某些职能虽然不是"模棱两可",归属相对固定,但亦深受其他机关单位的影响,当其他机关单位的情况出现变化时,部分职能的履职状况也可能会改变,在这一背景下,若未提前处理好与其他机关单位的关系,则很容易产生矛盾冲突——当前省级司法行政机关"自己复议自己"情形出现的原因正是如此。

第四，以 A 省司法厅为代表的省级司法行政机关为证明自己"权力行使的正确性"，必须在合乎规范但行政资源有限的情况下对所有职能进行取舍，即减少部分职能履行的投入、维持部分职能履行的"中规中矩"、在部分职能履行方面"出新"。尽管以 A 省司法厅为代表的省级司法行政机关以完成法定任务或符合规范为统一的底线，但这亦不可避免地造成各职能间履职细节的不同，这也成为以 A 省司法厅为代表的省级司法行政机关掌控、同化法律服务行业协会的原因之二。

通过上述分析，笔者认为，除不论述的监狱管理和强制戒毒管理以及未进一步讨论的司法协助、仲裁机构登记和人民陪审员管理这几项职能外，目前省级司法行政机关行政立法、行政执法监督、合法性审查、社区矫正、组织实施国家司法（法律职业资格）考试、人民监督员管理和法学教育管理七项职能的履行状况虽"中规中矩"，但基本适应当前省级司法行政机关与其他机关单位的关系以及省级司法行政机关自身"权力行使的正确性"，结合实际工作量及其未来可能出现的情况，笔者认为这几项职能未来基本不需要调整。

对于存在"自己复议自己"问题的行政复议与行政应诉职能，其较重的工作负担虽行将减轻，但如前文所述未能处理好与合并前的政府法制办公室的关系，该职能明显应从职能的具体内容和履职方式的角度进行调整。

而对于履职过程中存在大量政治相关事务的依法行政指导与法制（治）宣传两项职能，如前文所述，省级司法行政机关承担的依法行政指导与法制（治）宣传职能涉及技术与政治两方面的事务也无可厚非。然而，从实际工作量的角度讲，虽然依法行政指导工作量适中，但因为政治与技术两项事务的同时增长省级司法行政机关已不堪重负，因而法制（治）宣传职能未来需要调整，而且是从职能的具体内容和履职方式的角度进行根本性的调整。

至于公共法律服务类职能下的法律服务管理类职能,其履职状况的变迁最耐人寻味,成因也最复杂,若要进行判断,需对所有成因进行进一步归纳提炼。事实上,在笔者看来,以 A 省司法厅为代表的省级司法行政机关法律服务管理职能的履行状况,特别是处理和市场与社会组织的关系的情况变迁因素间的相互作用昭示了一些理论层面至关重要的信息。

依据现代市场经济与国家治理的理论,当市场与社会发展到一定程度,市场与社会自治兴起后,政府所代表的行政力量便会逐渐弱化,过去的全能政府逐渐转型,国家治理(市场与社会治理)的政府本位进一步转变为市场本位和社会本位,简单地讲,政府系统的权能理应呈收缩的态势。如前文所述,以省级司法行政机关为代表的政府系统似乎在形式上正逐渐淡出市场与社会治理的一些"模棱两可"的领域,并赋予行业协会更大的自治权,即 A 省司法厅在法律服务管理类职能中,既可以由政府管理也可以由市场与社会自治事务(特别是技术相关事务)领域的业务量日渐减少,业务种类在形式上日渐单一。从表面上看,这一现象顺应了市场经济发展的规律与现代国家治理理论,是应当鼓励的。然而,正如本章所言,省级司法行政机关法律服务管理类职能种类的单一化仅是形式上的,省级司法行政机关没有管理这些事务并不代表其无权管理,相反,依照现行法律规定,省级司法行政机关依然有权管理既可以由政府管理也可以由市场与社会自治事务(特别是技术相关事务)领域的绝大部分业务,虽然当前市场与社会仍不成熟,仍需要司法行政机关在既可以由政府管理也可以由市场与社会自治事务(特别是技术相关事务)层面居于主导地位并履行一些指导、监督职能,但省级司法行政机关的权力明显过大,不仅和市场与社会组织的分工不明,利用"指导、监督"随意干涉法律服务行业正常业务的可能性仍然存在。这种情况对于顺应理论与趋势而言并非良好的信号,未来应当在职能的具体内容和履职方式层面消除这一可能性。

同理,省级司法行政机关掌控、同化行业协会也不全是好事。长期以来,作为法律服务行业自治机构的行业协会不仅未能成为真正意义上的自治机构,反而逐渐被省级司法行政机关掌控、同化,其在履职层面深受省级司法行政机关的影响,很大程度上成为省级司法行政机关意志的执行者——行业协会并未完全站在市场与社会组织的角度服务和管理整个行业,而是站在与省级司法行政机关"同一阵营"的行政机构的角度帮助省级司法行政系统管理整个法律服务行业。如此一来,笔者认为,当前还不能将行业协会视为纯粹的行业自治组织,其无论是组织架构还是履职实践皆带有浓厚的行政(官僚)色彩,某种程度上是政府系统的延伸。客观地讲,这种现象的合理性有待推敲。就这种现象的成因而言,笔者认为,其根源即是我国国家治理模式中党和国家、机关单位以及市场与社会扮演的不同角色。改革开放前,我国国家治理虽以政府为主导,又引入群众运动这一非常规的国家治理方式,在完成国家治理目标的同时,又有效限制行政系统的扩张,再加上改革开放前我国市场与社会发展程度不高,因而在我国行政系统不算庞大和完善时,党和国家依然可以实现全方位领导。然而,随着改革开放后情况的变化,群众运动这一非常规手段已很难再被使用。相应的,组织严密而相对高效的政府系统成为党和国家落实各项方针路线、实现党的领导的首要选项。但正如前文所述,改革开放后我国经历了市场与社会的急速转型,市场与社会的发展程度和多元化程度也超出了党和国家的预期。但这并不意味着党和国家就此放任市场与社会自行发展,相反,党和国家依然需要领导市场与社会,行政机构及其背后的政府系统便是媒介和执行者。市场与社会越发展、束缚越少,政府就越要想办法保证党和国家的方针路线得到落实——除规范性的对应式监督、指导外,另一种可行方法就是渗入市场与社会领域用市场与社会机制统御市场与社会组织,即对行业协会的掌控与同化。与此同时,掌控、同化行业协会对政府系统本身也有好处,特别是在行业日渐市场化、专业化之际,实质性"影响"行业协会,令其按自己的意志行事有利于实现自身"管好"的目标,证明自身"权力行使的正确性"。对此,笔者认为,当前我国国家治理出现了市场与社会继续发展,政府系统继续深入、掌控市场与社会的现象,且这一现象未来会长期存在。虽然深入、掌控市场与社会对全面落实党的领导、实现"管好"确有益处,但有些时候政府系统却过分深入、掌控市场与社会,对市场与社会的发展造成损害。笔者并不反对当前政府系统适当深入市场与社会治理的某些领域——不仅是因为现代政府本身就是市场与社会治理的主体之一,还因为政府系统和市场与社会组织打成一片对更好地全面落实和加强党的领导大有裨益。但显然,在当前的市场与社会治理领域,政府系统有过度深入掌控的风险。任由政府系统无限制深入与掌控亦非明智之举。相反,在一些非原则性、非政治性领域,行政力量可以适当让位于市场与社会机制,即党和国家反复强调的"令市场在资源配置中起决定性作用"。

总而言之,笔者认为,当前省级司法行政机关法律服务管理类职能形式上的单一化和省级司法行政机关掌控、同化行业协会的现象基本是有瑕疵的:一方面,虽然省级司法行政机关表面上不再"全能",但仍"大权在握",并不时干涉法律服务行业的运作,虽然这种干涉在政治层面是合理的,但在技术层面却不一定是合理的。事实上,在笔者看来,法律服务管理层面存在大量既可以由政府管理也可以由市场与社会自治的事务不一定是好事,在我国政府依法行政水平还不是特别高的情况下,留下大量法律没有明确规定的既可以由政府管理也可以由市场与社会自治的事务,就相当于为政府系统干预市场与社会"开了后门",并进一步引发政府和市场与社会的权责不清,这是未来职能调整必须重点关注的。另一方面,省级司法行政机关掌控、同化行业协会及其引申出的政府系统掌控、同化行业自治组织的现象有其合理的一面，但在政府系统本身就具有指导、监督行业协会职权的前提下，这种掌控、同化显然有些过度。进一步提炼，这些现象皆昭示出在市场与社会、党和国家、机关单位三重维度的影响下，我国国家治理特别是市场与社会治理模式并未完全由政府本位向市场与社会本位的方向转型，而是呈现出市场与社会继续发展，政府系统继续深入的现象，与此同时，政治与行政依然具有强大的力量，可随时介入市场与社会的任意层面。虽然这一现象有内在的合理性，但正如上文所述，放任政府系统无限制地深入、掌控并非益事。因而未来应从国家治理的角度对这一现象进行调整——具体到省级司法行政机关履职层面，则是应该对公共法律服务类职能下的法律服务管理类职能的具体内容和履职方式进行调整。

值得一提的是，笔者认为，省级司法行政机关法律服务管理类职能的具体内容和履职方式未来的调整方向大体是做减法。而从实际工作量的层面看，当前以 A 省司法厅为代表的省级司法行政机关公共法律服务类职能下的法律服务管理类职能中，律师管理职能已是满负荷运转，在职能的具体内容和履职方式层面做减法反而能从根本上减轻其负荷，可谓"一箭双雕"。

第四章　省级司法行政机关职能调整与其他相关改革前瞻

本章是提出解决方案,即"是什么、为什么、怎么办"的最后一环。在上一章中,笔者运用"多重机制相互作用下的过程"阐释了以A省司法厅为代表的省级司法行政机关履职状况的成因,并对省级司法行政机关各项职能是否需要调整作出最终判断。除已言明不进一步讨论的问题外,通过分析笔者判断,当前省级司法行政机关需调整的职能有三:其一,在行政复议与行政应诉职能履行方面,省级司法行政机关与同级政府法制办公室合并前未处理好彼此的关系,因而在合并后产生了"自己复议自己"的现实问题,这是需要调整的。其二,虽然当前省级司法行政机关法制(治)宣传职能在具体内容和履职方式层面并没有不合理之处,但考虑到其实际工作量,其职能的具体内容和履职方式需要进一步优化,以缓解其不堪重负的压力。其三,当前省级司法行政机关法律服务管理类职能虽然在实际工作量层面多数没有明显的问题,但其职能的具体内容和履职方式却存在未能完全顺应理论趋势、政府和市场与社会的权责不清、过度掌控市场与社会自治组织的问题。进一步提炼,在市场与社会、党和国家、机关单位三重维度的影响下,我国国家治理特别是市场与社会治理模式并未完全由政府本位向市场与社会本位的方向转型,而是呈现出市场与社会继续发展、政府系统继续深入以及政治与行政依然具有强大的力量并可随时介入市场与社会的任意层面的理论现象。虽然这一现象有内在的合理性，但仍需调整。因而未来应从国家治理的角度对这一现象进行调整，具体到省级司法行政机关履职层面，则意味着省级司法行政机关在法律服务管理层面未能完全处理好政治与行政和市场与社会间的关系，未来应对此进行调整。本章将围绕这些问题提出职能调整方案。不过，正如本书开头所述，在原因与具体对策之间应有进一步的支撑，即省级司法行政机关职能调整的逻辑，只有先明确这一点，具体的对策才具有合理性。如是，本章将以省级司法行政机关职能调整逻辑为起点，从国家治理的视角出发，结合本书"多重制度逻辑及其相互作用"的分析框架，确定省级司法行政机关法制（治）宣传职能和法律服务管理类职能的改革逻辑，而后，依据相关逻辑，从市场与社会、党和国家、机关单位三个维度对未来省级司法行政机关职能的调整提出具体的策略。

第一节 省级司法行政机关职能调整逻辑

如前文所述，当前省级司法行政机关行政复议与行政应诉职能、法制（治）宣传职能和公共法律服务类职能下的法律服务管理类职能分别面临问题，但笔者并不能就此直接提出调整策略。事实上，要把握未来省级司法行政机关职能调整和其他相关改革的方向，还必须先解决一个问题，即省级司法行政机关职能调整的逻辑。只有明确了这一点，才能实现问题与策略的对应。虽然学术界对司法行政制度改革和司法行政机关职能调整有不少想法，但多停留在理论层面，在当前的条件下也不一定具有可行性，甚至与本书提出的问题不能对应。不过幸运的是，对于省级司法行政机关职能的具体内容和履职方式的改革进路,党和国家指明了宏观路线,即国家治理体系与治理能力现代化(以下简称"国家治理现代化"),在这一体系下,笔者提出的问题都能得到解决与优化。如是,遵循官方的思路搭建理论逻辑不失为一种良策。

一、国家治理现代化的视阈

虽然自改革开放以来,国家治理模式的变革一直是我国顶层设计的主要命题,但国家治理现代化却是一个新词汇,2014年,党的十八届三中全会首次提出"全面深化改革的总目标是完善和发展中国特色社会主义制度,推进国家治理体系和治理能力现代化"。① 依照党和国家的阐释,国家治理现代化包含治理体系和治理能力现代化两个方面。治理体系,是指国家经济建设体系、政治建设体系、文化建设体系、社会建设体系、生态建设体系、国防军队建设体系和党的建设体系等在内的制度体系之总和、总称;治理能力,是指一个国家治理体系综合协调、分工合作、发挥作用、体现价值和实现目标的一种资格、水平和能力。② 习近平总书记指出:"国家治理体系和治理能力是一个国家的制度和制度执行能力的集中体现,两者相辅相成。"在国家治理体系和治理能力的内涵明晰的情况下,何谓现代化,党和国家并未作详细解释,有学者依据党的十八届三中全会公报将其提炼总结为:国家治理现代化是指国家治理主体以人的最大解放、人权的最大实现和以人民最大幸福为最大目标,坚持党的领导、人民当家作主和依法治国的

---

① 即国家治理体系和国家治理能力现代化,国家治理现代化是党和国家独创的一个词。域外法治发达国家虽有类似的进路,但没有对应的概念。
② 参见应松年:《加快法治建设促进国家治理体系和治理能力现代化》,载《中国法学》2014年第6期,第43页。

有机统一,以统揽全局、权责相当、综合协调、分工合作、互相配合和监督制约为原则,通过国家治理体系的有效运转和法治规则的有效运用,在政治、经济、文化、社会、党建等领域,不断推进法治中国、平安中国和美丽中国建设,让更好、更多的现代化成果惠及国家和民众的进程和过程。① 与此同时,虽然没有准确的概念,但党和国家提出了实现国家治理现代化的路径,包括坚持和完善党的领导制度体系,提高党科学执政、民主执政、依法执政水平,坚持和完善人民当家作主制度体系,发展社会主义民主政治,坚持和完善中国特色社会主义法治体系,提高党依法治国、依法执政能力,坚持和完善中国特色社会主义行政体制,构建职责明确、依法行政的政府治理体系,坚持和完善社会主义基本经济制度,推动经济高质量发展,坚持和完善统筹城乡的民生保障制度,满足人民日益增长的美好生活需要,坚持和完善共建共治共享的社会治理制度,保持社会稳定、维护国家安全,坚持和完善生态文明制度体系,促进人与自然和谐共生,坚持和完善党对人民军队的绝对领导制度,确保人民军队忠实履行新时代使命任务,坚持和完善"一国两制"制度体系,推进祖国和平统一,坚持和完善独立自主的和平外交政策,推动构建人类命运共同体,坚持和完善党和国家监督体系,强化对权力运行的制约和监督,加强党对坚持和完善中国特色社会主义制度、推进国家治理体系和治理能力现代化的领导。② 综合来看,实现国家治理现代化内涵相当丰富,涉及国家治理的方方面面,包括党的领导、法治建设、经济发展、社会治理等多个领域。

在国家治理现代化视阈下,具体到省级司法行政机关职能调整的逻辑层面,省级司法行政机关履职自然不可能涉及《中共中央关于坚

---

① 参见应松年:《加快法治建设促进国家治理体系和治理能力现代化》,载《中国法学》2014 年第 6 期,第 45 页。
② 参见《中共中央关于坚持和完善中国特色社会主义制度 推进国家治理体系和治理能力现代化若干重大问题的决定》,载中国政府网,https://www.gov.cn/zhengce/2019-11/05/content_5449023.htm,2025 年 5 月 1 日访问。

持和完善中国社会主义制度 推进国家治理体系和治理能力现代化若干重大问题的决定》(以下简称《党的十九届四中全会决定》)提出的全部内容,当前省级司法行政机关面临的根本问题也是在法制(治)宣传层面如何优化党和国家、机关单位的关系以及在法律服务管理层面处理市场与社会、党和国家以及机关单位的关系。不过,仔细分析不难发现,《党的十九届四中全会决定》关于国家治理现代化的论述中有两点与这两个问题息息相关,即构建职责明确、依法行政的政府治理体系以及完善共建共治共享的社会治理制度。就构建职责明确、依法行政的政府治理体系而言,其有两重含义:一是政府系统内部的职责明确,即健全部门协调配合机制,防止政出多门,政策效应相互抵消。这一点在当前党和国家机构改革中的体现尤为明显。二是政府与其他主体(市场与社会)的职责明确,或者说厘清政府与市场、政府与社会的关系。有学者指出,在国家治理现代化视阈下,政府与市场间是"令市场在资源配置中起决定性作用"的关系、政府与社会间是政府与社会组织对公共生活的平等合作共管的关系。[①] 但这一点在构建职责明确、依法行政的政府治理体系层面仅略有提及,而在完善共建共治共享的社会治理制度层面,这一内容得到了肯定——就完善共建共治共享的社会治理制度而言,其更像是构建职责明确、依法行政的政府治理体系的补充。在这一层面,原先的"党委领导,政府负责,社会协调,公众参与"被扩展为"党委领导、政府负责、民主协商、社会协同、公众参与、法治保障、科技支撑",这就意味着市场与社会的地位提高了,从"协调"转化为"协同",在市场与社会治理方面的参与度大幅提高。综合上述两个方面不难看出,省级司法行政机关职能调整的逻辑应顺从两种思路:其一,党政机关间的职权明确,或者说大部制下履职的理论样态与调整逻辑。其二,厘清政府(政治与行政)和市场与社会

---

① 参见胡宁生:《国家治理现代化:政府、市场和社会新型协同互动》,载《南京社会科学》2014年第1期,第81页。

关系前提下的职责再分配,或者说共建共治共享背景下的职能调整逻辑。

二、大部制下的职能调整逻辑

如前文所述,当前党和国家掀起了新一轮机构改革的浪潮,党的十九届四中全会也是在机构改革如火如荼的背景下召开的。而当前学术界研究指出,此轮党和国家机构改革的方向是大部制。[1] 如本书第二章所述,在最近的一次职能调整中,以 A 省司法厅为代表的省级司法行政机关正在经历的改革正是典型的大部制改革:一方面,原省级司法行政机关与同级政府法制办公室合并重组,重组后不再保留政府法制办公室的建制,其机构与职能被整合进新的司法行政系统,如此一来,我国长期的政府法律顾问与其他政府法律事务"分家"的体制宣告结束,新的省级司法行政机关成为统一的政府法律事务部门。客观地讲,虽然政府法制办公室作为依法行政的推动者和政府的法律顾问在角色定位与职权配置方面与原司法行政机关并不存在"政出多门、政策效应相互抵消"的情形,但我国政府法律事务不统一的情形也是客观存在的——如本书第二章比较研究所述,当今域外法治发达国家皆有统一的政府法律事务部门,很少会拆分政府法律事务部门。在这层意义上,原省级司法行政机关与同级政府法制办公室的合并确实符合大部制改革"优化、协同、高效"(一类事项原则上由一个部门统筹、一件事情原则上由一个部门负责)[2]的原则。另外,原省级司法行

---

[1] 参见竺乾威:《机构改革的演进:回顾与前景》,载《公共管理与政策评论》2018 年第 5 期,第 8 页。
[2] 参见施雪华、赵忠辰:《党的十九大后中国新一轮大部制改革的背景和思路》,载《理论与改革》2018 年第 4 期,第 34 页。

政机关内部同样进行了业务部门的合并重组,如前文所述,在本次机构改革中,A省司法厅分离了原先的律师公证工作处,组建单独的律师管理部门,并将分离出来的公证管理部门与职能的具体内容和履职方式相近的司法鉴定管理、基层法律服务管理等部门糅合成一个统一的法律服务管理部门,新成立的部门内部不再有专人专职,所有类型的业务由全部业务人员共同分担。如此调整,不可谓不是一种内部的"大部制改革"。

然而笔者认为,省级司法行政机关的大部制改革并不能止步于此,事实上,笔者上文提及的省级司法行政机关行政复议与行政应诉、法制(治)宣传两项职能存在的问题的解决和优化正符合大部制改革的原理。

首先,在行政复议与行政应诉层面。事实上,在学术界看来,省级司法行政机关出现"自己复议自己"的情形只是我国行政复议制度面临的问题的一方面。长期以来,我国行政复议制度普遍存在复议机构缺乏独立性与公信力的问题[①],改革行政复议制度势在必行。在这一层面,大部制正好能发挥作用。笔者认为,依照大部制"优化、协同、高效"(一类事项原则上由一个部门统筹、一件事情原则上由一个部门负责)的原则,省级司法行政机关和其他所有政府机关的行政复议事务完全可以与本单位分离并共同组合为一个单独的、中立的行政复议部门,专门代表政府复议所有行政部门的行为,以实现"一类事项原则上由一个部门统筹、一件事情原则上由一个部门负责"。换句话讲,就是要设立一个新的、拥有超然地位的"政府法制办公室",以解决实践中"自己复议自己"等行政复议独立性和公信力不足的问题。然而,这么做就意味着各机关单位不再具有复议下级单位行政行为的职权,复议本级政府部门行政行为的只能是本级政府设立的统一行政复议部

---

① 参见唐璨:《我国行政复议委员会试点的创新与问题》,载《国家行政学院学报》2012年第1期,第33页。

门。如此,便要求《行政复议法》等法律法规也作出相应的调整。不过,参照我国多次机构改革的惯例,为适应调整后的新职权配置而修改法律法规的情形屡见不鲜,因此笔者认为,在行政复议大部制改革的逻辑下,修改《行政复议法》等法律法规并不是障碍。

其次,在法制(治)宣传层面。以 A 省司法厅为代表的省级司法行政机关法制(治)宣传职能并非字面意义上的法律普及职能,而是技术宣传与政治宣传的结合体。就技术宣传而言,司法行政系统虽非唯一的宣传者(司法机关也有技术宣传的任务),但确实是技术宣传的"主力"。而就政治宣传而言,司法行政系统仅占"半壁江山"。如前文所述,作为法制(治)宣传职能履行前提的"一五"至"七五"普法计划虽由党的宣传部门和司法行政系统共同制定,但并未就技术宣传和政治宣传进行分工。实践中,虽然党的宣传部门很少进行法律普及一类的技术宣传,但司法行政系统却经常进行与法制(治)有关的政治宣传,有时是与党的宣传部门联合宣传,有时是单独宣传,但无论是联合宣传还是单独宣传,其内容与党的宣传部门的宣传内容高度相似,不仅重复工作,也造成了省级司法行政机关法制(治)宣传实际工作量的大幅增长。虽然在我国的体制下,政府系统负责完成政治相关任务的情形相当合理,但依照大部制改革"优化、协同、高效"(一类事项原则上由一个部门统筹、一件事情原则上由一个部门负责)的原则,司法行政系统法制(治)宣传职能的配置事实上并不完全符合这一原则——司法行政系统的政治宣传事实上与党的宣传部门的职权单向交叉、重复,不符合高效原则以及一件事情原则上由一个部门负责的原则。如此笔者认为,在大部制背景下,省级司法行政机关法制(治)宣传职能调整的逻辑应是法制(治)宣传层面的分工明确,或者说技术宣传与政治宣传的分离,司法行政系统日后不再开展与其他党政机关职权交叉、重复的法制(治)宣传政治内容,将法制(治)宣传职能转型为字面意义上的法律普及职能。不过,单从内容的角度讲,区分技术宣传与政治宣传似乎不是一件容易的事,实践中,以 A 省司法厅为代表的省级司法行政机关法制(治)宣传的技术内容与政治内容经常混在一起(或者说绝大多数技术皆以政治为前提),若要妥善解决这一问题,则需要更"激进"的措施,对此,笔者将在策略部分予以详细阐释。

三、共建共治共享下的职能调整逻辑

在国家治理现代化视阈下,省级司法行政机关职能调整逻辑的第二方面即是政府、市场与社会共建共治共享。这方面直接对应省级司法行政机关公共法律服务类职能下的法律服务管理类职能,其实质上是通过解决法律服务管理类职能履行方面的问题达成该层面政治与行政和市场与社会关系的优化——或者说法律服务管理层面政治与行政和市场与社会关系的调整将直接左右省级司法行政机关法律服务管理类职能调整的逻辑。如上文所述,对于政治与行政(党和国家、机关单位)和市场与社会的关系,《党的十九届四中全会决定》的表述为"党委领导、政府负责、民主协商、社会协同、公众参与、法治保障、科技支撑",市场与社会相比从前地位大幅提高。不过,在此之外,党和国家并未详细阐述政治与行政和市场与社会关系的理论模型,现有表述多分散在党的各项"公报""决定"之中,诸如"令市场在资源配置中起决定性作用""政府与社会组织对公共生活的平等合作共管"等。笔者在本章虽已提及市场与社会、党和国家、机关单位三者的关系,但因该章重点不在此,因此前文并未深入阐释政治与行政和市场与社会的关系模型。在此,为明确省级司法行政机关法律服务管理类职能调整的逻辑,笔者将详细阐释法律服务管理层面政治与行政和市场与社会的关系模型。

如前文所述，在省级司法行政机关履职层面，政治与行政和市场与社会的关系集中表现为作为政府管理力量代表的司法行政系统和作为市场与社会自治力量代表的行业协会、行业主体间的互动关系，或者说管理与自治的关系。当前国内对这些关系的解释尚不甚清晰，但国外的理论模型却"有例可循"：有学者指出，在域外传统公共机构治理框架中，政府处于引导与控制整个体系的"核心层"，数量较多的"专业机构"则是"核心层"以下的依据市场化、网络化原则进行治理的公共机构。① 二者共同构成公共机构治理框架。事实上，作为行业自治力量代表的行业协会虽然不是政府部门，但长期受司法行政机构的指导、监督，与"专业机构"的"待遇"别无二致，同时其也是基于公法设立的具有独立法人资格的独立机构并通过"两结合"管理体制参与公共治理，这就与域外"专业机构"的处境相同并与一般的通过服务外包的形式参与行业管理的私人组织有本质区别。换句话讲，在省级司法行政机关法律服务管理类职能履行层面，作为行业自治力量代表的行业协会就是"专业机构"。因此，从这个角度讲，作为政府管理力量代表的司法行政系统和作为市场与社会自治力量代表的行业协会间的互动关系模型乃至法律服务管理层面政治与行政和市场与社会互动关系模型，基本相当于"核心层"与"专业机构"间的关系模型，双方是互通的。下文中，笔者将以"核心层"与"专业机构"间的关系模型解释省级司法行政机关法律服务管理类职能履行层面政治与行政和市场与社会的关系模型，以探究法律服务管理类职能履行的理论样态与调整逻辑。

在长期的实践中，"核心层"与"专业机构"间的关系及其引申出的政治与行政和市场与社会间的关系一直是国家治理进程中的重要

---

① 参见杜倩博：《政府部门内设机构改革的逻辑与策略——基于公共机构治理的整体框架》，载《中南大学学报（社会科学版）》2018年第4期，第125—126页。

处理对象。就"核心层"与"专业机构"间平等而又存在等级关系①而言,政治与行政和市场与社会在国家治理中应是合作伙伴关系,在形式上是平等的。然而,在理性官僚制中,政治与行政和市场与社会依然存在等级关系——这是国家治理中的正常现象。如此一来,理想的模型便是在承认等级关系存在的前提下,实现政治与行政的监督和控制权力(管理)和市场与社会自主权(自治)的"平衡"——换句话讲,不论是政治与行政主导还是市场与社会主导,政治与行政始终是管理者,在位阶层面高于市场与社会。即便如此,管理与自治也应达到"平衡",不能因享有管理地位而干预自治,也不能因强调自治而抵制管理。然而在实践中,这一模型多停留在理论层面。在我国,如前文所述,在当前的模式下,政府系统拥有相当强势的地位和权力,即便是各领域的市场化与专业化使得以 A 省司法厅为代表的省级司法行政机关既可以由政府管理也可以由市场与社会自治的事务(特别是技术相关事务)减少,政府系统依旧通过掌控、同化行业协会等方式强化监督和控制权力并干预市场与社会的自主权,并随时介入市场与社会的任何角落。

如此一来,正确的逻辑便是在政治与行政主导的大背景下,不以"孰强孰弱""孰大孰小"为前提,而以"平衡"为目标,适当强化市场与社会("专业机构")的自主权,缩小管理与自治间的力量差距,在某种程度上与我国政治学界提出的强政府、强社会②理论类似。然而实践从不会如此简单,正如上文所言,在我国市场与社会治理领域,政治与行政("核心层")的监督和控制权力(管理)和市场与社会("专业机构")的自主权(自治)并非界限明确,法律服务

---

① 参见杜倩博:《政府部门内设机构改革的逻辑与策略——基于公共机构治理的整体框架》,载《中南大学学报(社会科学版)》2018 年第 4 期,第 130 页。

② 参见杨立华:《建设强政府与强社会组成的强国家——国家治理现代化的必然目标》,载《国家行政学院学报》2018 年第 6 期,第 57 页。

管理领域存在大量既可以由政府管理也可以由市场与社会自治的事务。虽然这种现象在域外也普遍存在，但在我国市场与社会治理长期处于政府本位的历史前提下，这部分事务的存在反而导致管理与自治在某些领域的含糊不清。不过，正如前文所述，既可以由政府管理也可以由市场与社会自治的事务很大程度上是动态的，甚至只能由市场与社会自治和只能由政府管理的事务也是动态的。在笔者看来，这三类事务反而能成为杠杆，用以调整管理与自治间的力量差距，即令更多的事务明确归类到某一方。而在国家治理现代化原则的指引下，笔者认为，既可以由政府管理也可以由市场与社会自治的事务应尽可能少出现，在我国政治与行政（"核心层"）和市场与社会（"专业机构"）地位差距明显的情况下，大量保留该类事务显然会成为管理干预自治的可能途径——这一点在省级司法行政机关掌控、同化行业协会的实践中已被证实。相反，明确划分只能由市场与社会自治和只能由政府管理的两类事务效果可能会更好，无论是政治与行政（"核心层"）还是市场与社会（"专业机构"），在有明确规则的前提下很难越雷池半步，管理干预自治的现象也会得以缓解。

总而言之，在公共法律服务类职能下的法律服务管理类职能履职层面，或者说政治与行政和市场与社会关系层面，笔者认为，以A省司法厅为代表的省级司法行政机关未来职能调整的逻辑应是在承认法律服务管理类职能履行形式上日渐单一化的同时，尽可能明确省级司法行政机关与行业协会等行业自治组织的权责分工，特别是要减少"模棱两可"的既可以由政府管理也可以由市场与社会自治的事务。同时，在比例上，应适当向只能由市场与社会自治的事务倾斜，即将更多的既可以由政府管理也可以由市场与社会自治的事务划为只能由市场与社会自治的事务，以此缩小政治与行政和市场与社会间的力量差距。不过需要注意的是，这一切的前提依然是承认政治与行政和市场与社会间的"不平等",政治与行政依然会长期主导市场与社会。政治与行政主导是提高市场与社会治理水平的必经之路,未来省级司法行政机关履行法律服务管理类职能时应注意这一点。值得注意的是,无论是从"核心层"与"专业机构"分离的角度看,还是从政治与行政和市场与社会不同主体的角度看,政府系统皆不应完全"吞噬"行业自治组织的自主权,未来包括省级司法行政机关在内的司法行政系统虽应继续指导、监督行业协会等行业自治组织,但应给予行业自治组织更大的自主权。如此才能处理好市场与社会、党和国家、机关单位三者的关系,实现法律服务管理类职能履行的优化。

第二节　省级司法行政机关职能调整与其他相关改革的策略

在上一节,笔者讨论了省级司法行政机关履职的理论样态与调整逻辑,即在国家治理视阈下的大部制与共建共治共享下的省级司法行政机关法制(治)宣传职能和法律服务管理类职能的应然态势。通过明晰理论,既存问题的解决和现象优化的路径已经明晰。在本节中,笔者将针对既存的问题和现象一一提出具体的策略。不过,正如前文所述,上述问题与现象形成的原因是"多重制度逻辑及其相互作用",省级司法行政机关的履职过程也是受市场与社会、党和国家以及机关单位三个维度因素的影响。因此,要达成省级司法行政机关履职的理论样态,仅在机关单位维度调整司法行政机关的职能是不够的,还必须从另外两个维度同时入手,在市场与社会、党和国家、机关单位三者的互动逻辑之下,跳出市场与社会越发展政府系统越扩张并继续深入的循环,推动市场与社会、党和国家、机关单位在国家治理领域的良性互动,进而实现省级司法行政机关履职的优化乃至国家治理体系与治理能力现代化。

一、市场与社会维度:行业协会的服务化改革

总的来看,在当前我国社会主义市场经济建设水平日益提高的大背景下,各行业的专业性和市场性还将进一步加强,市场与社会机制的束缚还将进一步减少,市场与社会组织的力量还会继续壮大,市场与社会自治水平亦将进一步提高。在这层意义上,受市场与社会自治兴起的影响,省级司法行政机关法律服务管理类职能中既可以由政府管理也可以由市场与社会自治的事务日益减少,省级司法行政机关在政府管理和市场与社会自治"模棱两可"的领域日渐淡出的现象便是合理的,甚至是值得"鼓励"的。然而,和市场与社会发展伴随而生的政府系统继续深入、掌控行业协会,对未来市场与社会的进一步发展并非好事——其本质上也是没有处理好市场与社会和政治与行政的关系的体现。虽然从市场与社会、党和国家、机关单位三者的关系来看,以 A 省司法厅为代表的省级司法行政机关掌控、同化行业协会并非由市场与社会直接决定的(或者说市场与社会在这方面没有主动权),但笔者认为,市场与社会至少可以采取一定的措施抑制这种趋势,迈出市场与社会和政治与行政关系正常化的第一步,具体而言,即在市场与社会层面实现行业协会的服务化改革。

行业协会首要的是服务性权能,然而在实践中,各行业协会却更多地履行管理整个行业的职能。从我国的国情出发,不论是最初的市场与社会组织还是行业协会,都是在政治与行政的主导下成立的,其一开始也仅仅作为行政机构的延伸,而非真正意义上的市场

与社会机制的代表。如此便使得我国市场与社会组织以及行业协会之间产生了一种类似行政机关的科层体制,行业协会也因此在某种程度上成为凌驾于市场与社会组织以及从业者个体之上的管理者。客观地讲,站在从业者个体的角度来看,当前的市场与社会组织确实需要某种程度上的管理或者说约束,但这并不意味着行业协会就应大行管理之道,甚至成为市场与社会组织某种程度的上级机构。而在当今市场与社会自治兴起、行政力量开始逐步淡出市场与社会管理的部分领域之际,令行业协会回归初心、找回服务者的首要定位的时机已然成熟。笔者认为,未来的律师协会、公证协会等行业协会应将工作重心放在行业统计信息收集、分析,发布行业信息,组织人才、技术、职业培训,组织展销会、展览会等,开展技术交流与合作,反映会员要求、协调会员关系、维护其合法权益,服务市场与社会组织、个人等方面。当然,这并不意味着行业协会必须放弃管理类职能。事实上,在当前党和国家大力提倡法治社会建设的背景下,制定执行行规行约与行业规划、规范行业行为、维护公平竞争、执行行业标准的监督、处罚违规组织等管理类工作同样意义重大。笔者期待,作为市场与社会自治代表的行业协会和市场与社会组织之间少出现乃至不再出现类似于政府系统的上下级关系和科层体制。

总而言之,笔者认为,虽然不能直接调整省级司法行政机关的职能,但行业协会的服务化无疑是解决既存问题、优化省级司法行政机关履职的必要环节,即笔者所说的其他相关改革。显然,市场与社会组织的服务化仅是围绕省级司法行政机关职能调整和履职优化的众多改革的一环,在正式开始省级司法行政机关的职能调整前,还需要其他环节的前置性"联动"。

二、党和国家维度：理顺政治与行政和市场与社会的关系

如前文所述，省级司法行政机关法律服务管理类职能履行形式上的日渐单一化虽然直接反映了法律服务行业日渐市场化、专业化等现象，但它也折射出另外一种现象，即当前司法行政机关法律服务管理类职能范围不清晰，简单的"监督、指导"虽能在规范层面概括司法行政机关法律服务管理类职能的具体内容和履职方式，但在实践层面却造就了大量介于政治与行政和市场与社会间"模棱两可"的地带，对于这些地带，无论是政府机关还是市场与社会组织在理论上皆有权管理，这就导致"核心层"与"专业机构"的交叉以及管理与自治的冲突，并引发省级司法行政机关凭借公权力优势介入、掌控市场与社会自治组织的现象，从而导致省级司法行政机关没有处理好政治与行政和市场与社会间的关系。在这一方面，调整的逻辑是顺应法律服务管理类职能履行形式上日渐单一化的趋势，并借此厘清政府管理与行业自治的界限，进一步理顺政治与行政和市场与社会的关系，明确政府职权范围。

对此，依照前文笔者提出的"核心层"与"专业机构"、政治与行政和市场与社会的关系模型，笔者认为具体的策略有两点：

第一，继续在法律服务行业全面加强党的领导。客观地讲，以 A 省司法厅为代表的省级司法行政机关对行业协会进行掌控与同化的原因之一便是为更好地履行全面落实党对法律服务行业的领导等政治相关事务的职能，笔者也赞成这一点。不过省级司法行政机关的行为逻辑混杂了其他不是特别合理的要素，进而影响了整个行为的合理性。但这并不意味着党和国家应敦促机关单位放弃管理行业协会。事实上，当前我国市场与社会仍尚未成熟，法律服务行业建设偏离正

确道路的风险仍然存在,律师、公证等行业仍需要省级司法行政机关加大管理政治相关事务的力度,正如《中共中央关于全面推进依法治国若干重大问题的决定》指出的:"加强律师队伍思想政治建设,把拥护中国共产党领导、拥护社会主义法治作为律师从业的基本要求,增强广大律师走中国特色社会主义法治道路的自觉性和坚定性。"不过需要注意的是,在加大履行政治相关事务的力度时,党和国家应要求机关单位注意分辨正常的技术相关事务与非政治事务。对于政治性、原则性问题应及时介入、处理,对于不涉及政治和原则的问题(特别是正常技术问题),则需要慎之又慎,并通过正常的渠道进行管理,尽量避免出现类似于过度掌控、干预行业协会的情形。

第二,明确政府职权范围,清晰划分政府管理和市场与社会自治事务。如前文所述,当前司法行政机关法律服务管理类职能的规范不够清晰:一方面,现行法律法规明确赋予省级司法行政机关拥有执业许可、考核、变更、注销与行政处罚的权力,这成为以 A 省司法厅为代表的省级司法行政机关具有的只能由政府履行的职能。另一方面,法律法规虽以"监督、指导"概括司法行政机关的职权,但未详细解释何为"监督、指导"、监督、指导"什么",因而在法律服务管理层面,除上述明确规定的事务外,以 A 省司法厅为代表的省级司法行政机关几乎可以随心所欲地监督、指导任意一方面(不论是技术相关事务还是政治相关事务),这便成为以 A 省司法厅为代表的省级司法行政机关法律服务管理类职能中既可以由政府管理也可以由市场与社会自治的事务。虽然当前法律服务行业的市场化和专业化令既可以由政府管理也可以由市场与社会自治的事务(特别是技术相关事务)大幅减少,但省级司法行政机关依然有权"卷土重来"。在这一背景下,笔者认为,党和国家应着手划分政府管理和市场与社会自治的界限,减少权力与权利间的冲突。正如党的十九届四中全会提出的那样,"坚持和完善中国特色社会主义行政体制,构建职责明确、依法行政的政府治理体系"。可用的手段有二：一是完善现行法律法规。如前文所述，在法律服务管理层面，尽管当前法律法规明确规定了部分内容，但终究还是有些笼统。党和国家可以推动修改相关法律法规，明确解释"监督、指导"等词汇，像当前规定只能由政府管理的事务那样明确划分既可以由政府管理也可以由市场与社会自治的事务领域。二是加快推行行政机关权力清单制度。客观地讲，法律具有滞后性，不仅难以涵盖现实中的一切情形，还有高昂的修改成本，在这一背景下，党和国家可以考虑推行更加灵活的政府权力清单制度。虽然当前学术界和实务界对政府权力清单的内涵与外延认识不一，但毫无疑问，涉及政府职权配置的权力清单具有明显的法律属性，它的编制具有立法或准立法的性质，必然涉及对现行法律的解释。① 从这个意义上讲，政府权力清单具有类似于"司法解释"的性质，其相对于立法也更方便、快捷，是处理当前机关单位和市场与社会间相对复杂的职权划分问题的绝佳形式。党的十九届四中全会明确提出："实行政府权责清单制度，厘清政府和市场、政府和社会关系。"然而在实践中，以 A 省司法厅为代表的省级司法行政机关尚未推行这一制度，司法行政机关法律服务管理类职能履职的标准仍是为数不多的法律法规。对此，笔者认为，党和国家应加大敦促的力度，推动包括省级司法行政机关在内的机关单位尽快落实权力清单制度，划清行政管理和市场与社会组织的界限。不过，话说回来，不论党和国家最终采取什么样的方式明确政府职权范围，笔者认为，应遵循的原则始终是"令市场在资源配置中起决定性作用"。党和国家、机关单位应从过去管理者的身份向治理者、服务者转型，继续简政放权，减少市场与社会发展的束缚。唯有坚持这一原则，才能继续推动国家治理体系与治理能力现代化，促进市场与社会以及党和国家、机关单位共享共治时代的早日到来。

---

① 参见林孝文：《地方政府权力清单法律效力研究》，载《政治与法律》2015 年第 7 期，第 65 页。

三、机关单位维度：职能的具体调整

在经过市场与社会、党和国家的相关改革的铺垫后，调整司法行政机关的职能、解决具体问题的条件已然成熟。在笔者看来，市场与社会、党和国家层面的相关改革基本是外围措施，直接解决具体问题，完成处理好市场与社会、党和国家、机关单位三者关系的任务还需依靠省级司法行政机关自身的职能调整。在上一节中，笔者业已探究过国家治理现代化视阈下省级司法行政机关法制（治）宣传职能和法律服务管理类职能履行的理论样态与调整逻辑，如此，在本节中，笔者将针对省级司法行政机关法制（治）宣传职能和法律服务管理类职能履职过程中存在的问题和现象，依照上文的样态与逻辑，一一提出省级司法行政机关层面的职能调整建议。

（一）行政复议的统一

如前文所述，笔者认为，要想解决重组后省级司法行政机关出现的"自己复议自己"的问题，甚至解决我国行政复议制度面临的独立性与公信力不足的问题，需在行政复议层面进行"大部制改革"，统一分散在各机关单位手中的行政复议权。而从具体策略的角度看，目前最可行的办法便是落实行政复议委员会制度。[1] 早在 2008 年，国务院法制办公室就下发了《关于在部分省、直辖市开展行政复议委员会试点工作的通知》，随后我国部分城市就开始试点行政复议委员会制度。依据国务院的解释，行政复议委员会制度是政府主导、社会专家学者参与的行政复议工作机制。行政复议委员会由主任委员、副主任委员

---

[1] 参见沈福俊：《行政复议委员会体制的实践与制度构建》，载《政治与法律》2011 年第 9 期，第 66 页。

和委员组成。主任委员由本级政府分管法制工作的负责人担任,副主任委员由本级政府秘书长和本级政府法制机构主要负责人担任,委员由本级政府有关部门负责人、本级政府法制机构有关负责人、经遴选的专职行政复议人员和聘请的专业人士、专家学者等组成。行政复议委员会下设办公室,办公室设在本级政府法制机构,具体负责受理、审理行政复议案件以及开展行政复议委员会其他日常工作。客观地讲,虽然部分学者指出,当前我国行政复议委员会制度存在一定的理论问题①,但其具有集中行使行政复议权、内部性与外部性相结合和独立性的特点,无论是在公信力还是在集中度上均优于原先的各行政机关独立行使行政复议权的制度,也是在科层制内部破除"自己复议自己"矛盾的最可行的手段。然而遗憾的是,时至今日,行政复议委员会制度仍处于试点状态,仅有屈指可数的几个城市建立了行政复议委员会,包括 A 省在内的全国绝大多数地区均未建立相关机构(有的地区建立了行政复议委员会,但并未实现集中行使行政复议权,即一部分国家机关的行政复议权收归行政复议委员会,另一部分国家机关依然独立行使行政复议权),其中的主要原因是行政复议权的分散至少不存在制度上的矛盾冲突,地方政府就算维持现状也不会出现太大问题。不过如前文所述,司法行政机关与政府法制办公室合并后,我国行政复议制度便出现了"自己复议自己"的现实制度冲突,若继续维持现状,不仅原先的问题得不到解决,这种具有明显冲突的制度安排迟早会扰乱我国的科层制结构和法律权威。如是,在具备现实需求的情况下,落实行政复议委员会制度是解决现实问题的最佳途径。

(二)法制(治)宣传的部分外包与分离

如前文所述,在长期的履职实践中,以 A 省司法厅为代表的省级

---

① 参见王青斌:《论我国行政复议委员会制度之完善》,载《行政法学研究》2013 年第 2 期,第 15 页。

司法行政机关法制(治)宣传职能因技术和政治两方面内容的增加致使工作负担不断加大,其中法制(治)宣传职能的政治内容与其他国家机关的职能形成了事实上的交叉、重复态势,不符合当前党和国家"大部制改革"的原则。如是,按照前文的理论样态与改革思路,笔者认为,省级司法行政机关法制(治)宣传职能问题的解决与履行的优化有两种方案:一是省级司法行政机关虽不必和市场与社会组织处于同一平台,但可以委托市场与社会组织代为处理一些事务;二是省级司法行政机关可以适当向其他机关单位让渡法制(治)宣传职能。

第一种方案是省级司法行政机关既可以亲自处理法制(治)宣传事务,也可以在市场与社会组织的协助下处理法制(治)宣传事务,即将一些非核心的事务外包给市场与社会组织。该方案虽然与大部制改革没有直接关系,但却是受"核心层"与"专业机构"关系以及 A 省司法厅推行政府购买法律服务的启发,也是当前省级司法行政机关履职实践中比较容易落实的。对于当代司法行政系统而言,自"一五"普法起,法制(治)宣传职能实际已包含管理学意义上的"计划、组织、领导、控制"四个环节,省级司法行政机关既是法制(治)宣传事务的管理者,也是法制(治)宣传事务的具体执行者。在信息技术不发达的 20 世纪 80、90 年代乃至 21 世纪初,省级司法行政机关不仅要处理编制普法计划等内勤事务,还要执行外出举办宣传活动等外勤事务,即便是在信息技术发达的今天,省级司法行政机关互联网宣传等表面上的内勤事务也不过是变相的外勤活动而已。在笔者看来,无论是外出开展法制(治)宣传活动还是通过互联网进行宣传,省级司法行政机关都可以采取服务外包的形式,将其交由市场与社会组织处理,自己可依照管理学意义上的"计划、组织、领导、控制"四个环节对外包事务进行把握,通俗地讲,普什么法、在哪里普法、向谁普法、如何普法继续由省级司法行政机关决定,但具体操作可以部分或全部外包给市场与社会组织,省级司法行政机关可以在活动过程中和活动结束后对效果进行评价,总体而言,与政府购买法律服务有些相似。如此一来,省级司法行政机关在法制(治)宣传层面将会仅剩下内勤事务,不仅能继续保有法制(治)宣传职能,还能减少实际工作量,可谓一举两得。事实上,虽然省级司法行政机关尚未采取行动,但下属的部分市、县级司法行政机关已接受了这一方案,迈出了法制(治)宣传外包的第一步。

如果说第一种方案本质上相对保守,那么第二种方案的思路便相对"激进"。笔者认为,未来省级司法行政机关可以将法制(治)宣传职能中的政治宣传职能让渡给其他机关单位,自己仅保留技术宣传职能。更"激进"一点,可以将整个法制(治)宣传职能让渡给其他机关单位,至于让渡的对象,笔者认为党的宣传部门是最适格的。事实上,这一方案正是笔者前文提及的省级司法行政机关法制(治)宣传职能的"大部制改革"。具体而言,长期以来,我国司法行政机关的法制(治)宣传不单是法律法规知识的技术型宣传,党和国家的法制(治)思想等政治性内容一直都是极其重要的宣传内容,特别是在党的十八届四中全会后,法制(治)宣传的政治性日益加强(2018年司法行政机构改革中司法行政机关正式将"法制宣传"更改为"法治宣传",在很大程度上强调了该职能的政治性)。必须承认的是,党的十八届四中全会后,政治内容的猛增在很大程度上造成了省级司法行政机关法制(治)宣传职能的超负荷,若剥离此部分职能,未来省级司法行政机关法制(治)宣传工作的工作量必然会大大减轻。由此,笔者认为,省级司法行政机关可以考虑剥离法制(治)宣传职能中的政治性内容,具体而言,未来在制订统一普法规划时,省级司法行政机关可以和党的宣传部门约定好分工,党的宣传部门主要负责宣传党和国家的法治理念等政治性内容,省级司法行政机关主要负责宣传法律法规等技术性内容,双方可以在一定程度上相互协助,但整体上应分工明确。不过,技术宣传和政治宣传很难分家(或者说只要是宣传就很有可能涉及政治性内容),令党的宣传部门和司法行政机关完全明确分工确有些强人所难,且更重要的是,司法行政机关将"法制宣传"更改为"法治宣传"已在很大程度上昭示了技术宣传与政治宣传不可分的理念。在这一背景下,笔者提出更进一步的方案,即包括省级司法行政机关在内的司法行政系统将整个法制(治)宣传职能让渡给党的宣传部门,未来的省级司法行政机关不再保留专门的法治宣传机构,而法治宣传机构的工作人员亦可依自身意愿和工作需要转入本机关其他职能部门或党的宣传部门,未来无论是制订统一普法规划还是主要履行法制(治)宣传职能皆为党的宣传部门。如此一来,技术与政治难以区分的问题便不攻自破,但代价便是司法行政系统丧失了自己的一项主要职能。但从整体来看,将法制(治)宣传职能划归党的宣传部门反而符合"一个机关专职某一领域全部事务"的大部制改革理念,且党和国家的机构改革亦不会因一个系统的"患得患失"而停止,若未来党和国家决议将法制(治)宣传职能划归党的宣传部门,司法行政系统亦无法阻止。综上,对于未来如何选择,笔者拭目以待。

(三)法律服务管理类职能的分工明确与简政放权

如前文所述,以 A 省司法厅为代表的省级司法行政机关公共法律服务类职能下的法律服务管理类职能的具体内容和履职方式存在未能完全顺应理论趋势、政府和市场与社会的权责不清、过度掌控市场与社会自治组织等问题,这些问题实质上是省级司法行政机关在法律服务管理类职能履行实践中未能处理好政治与行政和市场与社会的关系。而依照前文的观点,省级司法行政机关法律服务管理类职能的调整逻辑是缩小"管理"与"自治"的力量差距,减少既可以由政府管理也可以由市场与社会自治的事务,适当向只能由市场与社会自治倾斜,从而实现"管理"向"治理"的转型。如是,笔者认为,下一步即是调整法律服务管理类职能,而这类职能的调整会是根本性的。原则上,省级司法行政机关法律服务管理类职能的具体内容和履职方式皆需变更,其所应遵循的两大逻辑即为前文提及的分工明确与简政放权。具体而言:

首先,在律师管理职能方面,笔者认为,应在规范层面明确划分三类事务,将大部分既可由政府管理也可由市场与社会自治的事务交由行业协会处理,省级司法行政机关仍履行少部分既可由政府管理也可由市场与社会自治的事务。进一步讲,大部分既可由政府管理也可由市场与社会自治的事务(如制定执行律师行规行约与行业规划、组织人才技术职业培训、执行律师行业标准等),由以律师协会为代表的律师行业自治组织全权负责,省级司法行政机关不再参与(最多要求律师协会报备,但司法行政机关不具备决策或否决权)。而对于少部分既可由政府管理也可由市场与社会自治的事务(如全面落实党对律师行业的领导等政治相关事务以及重大的、对整个行业命运有决定性影响的技术相关事务),省级司法行政机关依然具有管理权,但律师协会应当参与到履职过程中或与司法行政机关共同履职。简单地讲,省级司法行政机关律师管理职能的调整不应撼动当前只能由政府履行和本应由市场与社会自治两个领域的职能,改革应集中在既可由政府管理也可由市场与社会自治的事务领域,即在行政管理和行业自治"模棱两可"的领域应遵循大部分事务由律师行业自行管理,少部分事务受省级司法行政机关管理、律师行业参与的原则。这些不仅要在实践层面落实,更要落实到规范层面,即修改现行法律法规、部门规章和司法行政系统自行出台的其他规范性文件,明确注明这一原则。如此一来,以 A 省司法厅为代表的省级司法行政机关律师管理职能的具体内容和履职方式将进一步限缩,从而"釜底抽薪",在减少律师管理职能的实际工作量的同时,根本性地减轻业务人员的工作负担。不过笔者认为,若只做到这一点,律师管理职能的改革仅完成了一部分。如前文所述,《中共中央关于全面推进依法治国若干重大问题的决定》明确提出"加强律师队伍思想政治建设",也就是说,省级司法行政机关在未来对律师行业进行非业务指导时应加大管理政治相关事务的力度,即在未来的一段时间内继续以行政力量抓好律师队伍的思想政治建设工作,特别是要做到"主动出击",未雨绸缪,防止出现问题。

其次,在公证管理职能方面,笔者认为,应当在进行类似于律师管理那样的放权改革的同时,加快公证系统的去行政化。尽管公证与律师分属不同的行业,但省级司法行政机关对它们进行管理,无论是内容还是方式皆有很大的相似性,因此在职能调整层面,二者在原理上是基本相通的。不过,有鉴于公证行业的"事业单位"的属性,其自律能力总体上强于律师行业,笔者认为,公证行业管理应将绝大部分既可由政府管理也可由市场与社会自治的事务交由以公证协会为代表的公证行业自治组织,至于一小部分既可由政府管理也可由市场与社会自治的事务(如全面落实党对公证行业的领导等政治相关事务以及重大的、对整个行业命运有决定性影响的技术相关事务),省级司法行政机关同样具有管理权,但公证协会也应参与到省级司法行政机关履职的过程中——总而言之,在行政管理和行业自治"模棱两可"的领域应遵循绝大部分事务由公证行业自行管理和一小部分事务受省级司法行政机关管理、公证行业参与的原则。不过仍需注意的是,我国公证行业也有自己特殊的问题,因此省级司法行政机关公证管理职能调整也不能止步于此。客观地讲,我国公证行业最初也是作为国家行政机关存在的,但公证行业的去行政化进程却比律师行业慢不少,以A省为例,早在20世纪90年代中后期,A省大量公办、国有律师事务所纷纷与主管机关脱钩,成为独立运作、自负盈亏的市场组织,截至2025年5月,除少数地区还基于政策和扶贫等原因保有公办律师事务所外,其余律师事务所已全部实现市场化。但与之相对的公证处的改革就相当坎坷,《公证法》虽规定公证机构是"不以营利为目的,依法独立行使公证职能、承担民事责任的证明机构",但未对其性质进行详细说明。2000年,国务院批准了《司法部关于深化公证工作改革的方案》,明确提出将具有行政机关性质的公证处改为事业单位,我国公证机构才开始走上去行政化的道路。不过,由于其中涉及多方利益,公证机构去行政化的进程一直相对缓慢,且改制后的公证机构属于哪类事业单位、是否需要财政拨款这一类问题仍未解决。如是,2016年,司法部、中央机构编制委员会和财政部联合发布《关于推进公证机构改革发展有关问题的通知》,再次督促公证制度的"行政转事业"改革,同时明确公证机构属于从事公益服务的事业单位,坚持公证机构公益性、非营利性事业法人的属性。客观地讲,就当前域外法治发达国家的公证制度而言,公证机构既有合伙和个人性质(如拉丁公证制),亦有机关或其他性质。[1] 我国将公证机构定义为非营利性事业单位也无可厚非,在一些学者看来,若令公证机构完全与国家权力脱钩,将其全盘市场化,很容易使公证机构丧失公益性和权威性,并引发"权力寻租"和"权利交换"等一系列问题,因此对我国公证机构而言,非营利性事业单位是其最合适的定位。[2] 对于这一说法,笔者基本赞成,当前我国市场与社会组织虽已发展到一定的高度,但离成熟还有一段距离,在利益面前,市场与社会组织的自律能力依然有限,很容易突破原则和底线。在这种情况下,贸然令公证机构市场化必然会危及法律公信力。笔者认为,当前和未来一段时间内,我国公证机构应继续保有事业单位的性质,至于少量的合作制公证处可继续作为市场化的试验品存在,为以后可能的市场化改革积累经验。不过,话说回来,就算将公证机构整体定义为事业单位,我国公证制度的去行政化仍未完成——据统计,截至2018年年底,A省尚有约四分之一的公证

---

[1] 参见宋德公、方卫华、李成:《公证机构的性质定位与政策建议》,载《国家行政学院学报》2006年第6期,第50页。
[2] 参见戚振华:《事业单位改革下公证机构改革的几点建议》,载《中国司法》2012年第5期,第66页。

处仍具有国家行政机关的性质。也就是说，当前司法行政机关公证管理职能除了事实和规范层面的放权之外，还应继续推动公证行业的去行政化，完成公证制度的"行政转事业"改革。

再次，在司法鉴定管理职能方面，省级司法行政机关应参照律师管理职能和公证管理职能的做法，在事实和规范层面将更多的"模棱两可"的事务交由司法鉴定协会管理。就司法鉴定管理职能而言，与公证行业相比，司法鉴定行业并没有什么特别之处，也不存在行业性的特殊问题。因此笔者认为，对于司法鉴定管理职能的调整也应当遵循公证管理职能调整的一般原则，即将绝大部分既可由政府管理也可由市场与社会自治的事务交由以司法鉴定协会为代表的司法鉴定行业自治组织，至于一小部分既可由政府管理也可由市场与社会自治的事务（如全面落实党对司法鉴定行业的领导等政治相关事务以及重大的、对整个行业命运有决定性影响的技术相关事务），省级司法行政机关同样具有管理权，但司法鉴定协会也应参与到省级司法行政机关履职的过程中。同时，由于没有特殊情形，司法鉴定管理职能的调整也就"到此为止"，其他细节亦不再赘述。

最后，在基层法律服务管理职能和人民调解管理职能方面，笔者认为，虽然这两个行业有些特殊，但总体还是应坚持分工明确与简政放权的基本原则。一方面，如前文所述，客观地讲，基层法律服务行业整体上是一个衰落的行业，且就目前的预期而言，其未来一段时间内很难复兴。不过，在笔者看来，尽管发展趋势不同，但就规范层面而言，基层法律服务管理应当与公证管理和司法鉴定管理的职能调整一视同仁，将绝大部分既可由政府管理也可由市场与社会自治的事务交由基层法律服务行业自行管理，至于一小部分既可由政府管理也可由市场与社会自治的事务（如全面落实党对基层法律服务行业的领导等政治相关事务以及重大的、对整个行业命运有决定性影响的技术相关事务），省级司法行政机关同样具有管理权，但基层法律服务行业代表也应参与到省级司法行政机关的履职过程中。值得一提的是,当前基层法律服务行业并没有行业协会这一代表性自治组织,笔者认为,从实践需求的角度看,当前也不必多此一举成立基层法律服务行业协会,一切行业规则、准则皆可依照过去的惯例,即参照律师行业的规则、准则。另一方面,尽管从整体上看,人民调解行业已处于萎缩状态,但近年来,党和国家大力提倡"枫桥经验"①,部分地区也做出了不错的成绩,这就在一定程度上给人民调解注入了一针"强心剂"。于是,自 2013 年起,A 省不少司法行政机关便试图复制"枫桥经验",鼓励人民调解行业积极发挥作用,人民调解行业也似乎得到"复兴"。但就当前 A 省的情况而言,这种"复兴"并不明显。由此,人民调解管理和基层法律服务管理在原理上便有相似之处,而笔者亦认为,对于人民调解职能的调整,可以参照基层法律服务管理职能的调整方式——在规范层面将绝大部分既可由政府管理也可由市场与社会自治的事务交给当地人民调解委员会管理,至于一小部分既可由政府管理也可由市场与社会自治的事务(如全面落实党对人民调解行业的领导等政治相关事务以及重大的、对整个行业命运有决定性影响的技术相关事务),省级司法行政机关同样具有管理权,但当地人民调解委员会(的代表)也应参与到省级司法行政机关的履职过程中。同时需要说明的是,尽管人民调解管理职能与基层法律服务管理职能的调整在形式上颇为相似,但二者仍在性质上有很大差异——简单地讲,基层法律服务行业是市场组织,人民调解行业则是社会组织,且在自治层面,人民调解本身就是基层自治的体现,省级司法行政机关在放权之时应当给予人民调解委员会更多的信任,也不必一味鼓励人民调解的"复兴",毕竟从"治理"的角度看,以行政力量强行逆转市场发展转型并非完全合理之举。

---

① 参见孔祥涛:《坚持和发展新时代"枫桥经验"的三个向度》,载人民网,http://legal.people.com.cn/n1/2019/1220/c42510- 31515141.html,2019 年 12 月 22 日访问。

综上所述，以上一系列策略，归根结底就是要省级司法行政机关在实践和规范两个层面简政放权，赋予行业自治组织更多的权利，减少其发展的束缚，特别是要在既可由政府管理也可由市场与社会自治的领域赋予市场与社会更多的权利。不过对于如全面落实党对法律服务行业的领导等政治相关事务以及重大的、对整个行业命运有决定性影响的技术相关事务，即便它们既可由政府管理也可由市场与社会自治，目前省级司法行政机关也应继续"掌控"——这是确保法律服务行业走在正确道路上的必要方式。通过这些"组合拳"，省级司法行政机关将有机会在法律服务管理层面实现市场与社会、党和国家、机关单位三者的良性互动，并推动政治与行政和市场与社会的平等合作、共享共治的时代加快到来。

第三节 结　　语

本书的研究主题是在考察以 A 省司法厅为代表的省级司法行政机关履职状况的基础上，对未来司法行政机关职能的调整和相关（配套）改革进行前瞻。通过关注 A 省司法厅履职的实际工作量（副指标）、实际职能的具体内容和履职方式（主指标），笔者发现，在当前的履职实践中，以 A 省司法厅为代表的省级司法行政机关在实际工作量层面存在各职能工作量不平衡的现象，而通过对作为主指标的职能的具体内容和履职方式的进一步研究，笔者发现，以 A 省司法厅为代表的省级司法行政机关履职实践存在"自己复议自己"、法制（治）宣传职能因政治内容和技术内容的双重增长而超负荷，公共法律服务类职能下的法律服务管理类职能履行形式上的日渐单一化及其背后的本应由市场与社会自治却由政府管理、既可以由政府管理也可以由市场与社会自治、只能由政府管理三类事务的变迁以及以 A 省司法厅为代表的省级司法行政机关正保持着对行业协会的掌控和同化进而使得行业协会成为不纯粹的行业自治组织等耐人寻味的现象。究其原因,市场与社会的发展直接促成行业自治期许的提高、省级司法行政机关本应由市场与社会自治却由政府管理的事务形式上的消失,以及既可以由政府管理也可以由市场与社会自治的事务形式上的减少,但省级司法行政机关所代表的政治和行政力量实质上并未像相关理论描述的那样完全淡化,除市场与社会本身尚未完全成熟的因素外,政治和行政的因素也使得省级司法行政机关继续对法律服务行业管理"大权在握",并掌控、同化行业自治组织,同时也使得依法行政指导和法制(治)宣传兼有政治与技术两种内容。与此同时,司法行政系统"不管部"的属性和职能及与其他单位大量关联的情况也使得一些职能因被架空而走向衰落,一些职能因未处理好与其他单位的关系而产生矛盾冲突,而自身具有的内在的"管好"要求的特点也影响了部分职能的实际履行方式以及省级司法行政机关对行业协会的掌控。

在这一背景下,除因客观原因不进一步讨论的职能外,笔者结合实际工作量与职能的具体内容和履职方式两项指标,认为当前省级司法行政机关行政立法、依法行政指导、行政执法监督、合法性审查、社区矫正、组织实施国家司法(法律职业资格)考试、人民监督员管理和法学教育管理这几项职能目前不需要调整。行政复议与行政应诉职能因未处理好与其他单位的关系而需要调整。法制(治)宣传职能虽具体内容和履职方式基本合理,但实际工作量的超负荷也使得其需要调整。公共法律服务类职能下的法律服务管理类职能则昭示在市场与社会、党和国家、机关单位三重维度的作用下,我国国家治理特别是市场与社会治理,并未完全由政府本位向市场与社会本位的方向转型,而是呈现出市场与社会继续发展,政府系统继续深入掌控以及政治与行政依然具有强大的力量,可随时介入市场与社会的任意层面的理论现象,这一现象虽有内在合理性但仍需得到改进,因而该类职能亦需调整。

至于调整的方案,笔者认为,以 A 省司法厅为代表的省级司法行政机关未来职能调整及相关改革最根本的路径是在市场与社会、党和国家、机关单位三者的互动逻辑下推动市场与社会、党和国家、机关单位在国家治理领域的良性互动。具体而言,在市场与社会维度应实现行业协会的服务化改革。在国家维度,应理顺政治与行政和市场与社会的关系,即在正确认识党的领导与国家治理现代化间的关系、继续全面加强党的领导的同时,明确政府职权范围,相对清晰地划分行政管理和市场与社会自治事务。在单位维度应针对具体问题,一一应对,包括行政复议的统一、法制(治)宣传职能的适当外包、大部制改革以及公共法律服务类职能下的法律服务管理类职能的明确分工与简政放权。只有在三个维度共同的努力下,省级司法行政机关的履职实践才能得到根本性优化,并最终推动我国国家治理体系与治理能力现代化的进程。

不过必须承认的是,以上观点、结论皆是在考察 A 省司法厅履职状况的基础上得出的,具有一定的局限性:受制于各种因素,笔者只能选取相对具有代表性的司法行政机关,以有限的研究指标与研究方法进行实地考察。虽然在科层制的作用下,同级司法行政机关的内设机构和职能大同小异,但仍不足以完全弥补研究的局限。如是,受限于考察样本的层级性、地域性和研究方法的特殊性,笔者发现的实践现象、发掘的理论动因和提出的解决方案有可能仅局限于 A 省省级司法行政机关,未必完全适用于其他地区的司法行政机关和不同层级的司法行政机关,也可能因数据统计方法的局限存在部分问题的遗漏和证伪的现象。对于这一局限和遗憾,笔者计划在今后的研究中予以补足。且需要说明的是,本书出版时距本书完稿已有较长时间,书中的部分资料可能无法反映最新的实践状况;但幸运的是,在本书完稿后至本书出版的这段时间里,司法行政机关的职能基本未调整,因而本书的部分实证资料虽有些陈旧,但依然具有价值,内容并不过时。除此之外,笔者还想提及的是,司法行政机关面临的理论和实践问题一定不止本书所述的这些,部分问题甚至更为根深蒂固——在笔者提出司法行政系统是政法系统的"不管部"时,就已发现我国司法行政系统的角色定位和职权配置基本是模糊的,司法行政机关在很多领域都没有完整的职权(如执行领域),也缺乏统一的中心任务——这一点在司法行政系统职能的分类上体现得淋漓尽致。事实上,虽然司法行政系统通过内部职能的调整能在某些方面促进国家治理现代化,但若将视角放宽至整个政法系统,司法行政机关乃至司法行政制度的现代化还需要进一步重组政法系统,特别是要对检察机关和审判机关的执行部门进行调整,赋予司法行政系统和其他机关单位新的角色定位和职权配置,不然未来的司法行政系统真就成了与司法系统渐行渐远的政府法务部门。坦率地讲,上述问题业已跳出司法行政的范畴,其宏大程度更是远超本书的研究视野,想要解决这些亦非一朝一夕之事,因此在本书中笔者仅是简单提及,没有进行深度分析。在未来的研究中,笔者热切期盼更多的学者、实务工作者与笔者一道探究我国司法行政机关乃至整个政法系统面临的理论与实践问题,为中国法学研究的繁荣和国家治理体系与治理能力现代化的实现做出贡献。

参 考 文 献

一、著作类

（一）译著

1. 〔德〕马克斯·韦伯:《韦伯选集Ⅲ:支配的类型》,康乐译,远东出版事业股份有限公司1989年版。

2. 〔俄〕列宁:《列宁全集》(第二十卷),人民出版社1989年版。

3. 〔法〕马克·布洛赫:《历史学家的技艺》,张和声、程郁译,上海社会科学院出版社1992年版。

4. 〔法〕孟德斯鸠:《论法的精神》(上册),张雁深译,商务印书馆1959年版。

5. 〔法〕莫里斯·迪韦尔热:《政治社会学——政治学要素》,杨祖功、王大东译,华夏出版社1987年版。

6. 〔美〕安东尼·唐斯:《官僚制内幕》,郭小聪等译,中国人民大学出版社2006年版。

7. 〔美〕E. 希尔斯:《论传统》,傅铿、吕乐译,上海人民出版社1991年版。

8. 〔美〕哈罗德·J. 伯尔曼:《法律与革命——西方法律传统的形成》,贺卫方等译,法律出版社2008年版。

9. 〔美〕黄仁宇:《放宽历史的视界》,生活·读书·新知三联书店2001年版。

10. 〔美〕R. M. 昂格尔:《现代社会中的法律》,吴玉章、周汉华译,译林出版社2008年版。

11. 〔美〕米尔伊安·R. 达玛什卡:《司法和国家权力的多种面孔——比较视野中的法律程序》,郑戈译,中国政法大学出版社2004年版。

12. 〔美〕莫里斯·迈斯纳:《毛泽东的中国及后毛泽东的中国》(上册),杜蒲、李玉玲译,四川人民出版社1989年版。

13. 〔美〕塞缪尔·P. 亨廷顿:《变化社会中的政治秩序》,王冠华、刘为等译,生活·读书·新知三联书店1989年版。

14. 〔美〕唐·布莱克:《社会学视野中的司法》,郭星华等译,法律出版社2002年版。

15. 〔美〕约瑟夫·列文森:《儒教中国及其现代命运》,郑大华、任菁译,广西师范大学出版社2009年版。

16. 〔英〕埃德蒙·伯克:《法国革命论》,何兆武、许振洲、彭刚译,商务印书馆1998年版。

(二)中文著作

1. 陈柏峰:《乡村司法》,陕西人民出版社2012年版。

2. 陈卫东主编:《中国律师学》(第5版),中国人民大学出版社2023年版。

3. 程维荣编著:《当代中国司法行政制度》,学林出版社2004年版。

4. 《当代中国》丛书编辑部:《当代中国的司法行政工作》,当代中国出版社1995年版。

5. 《邓小平文选(第二卷)》(第2版),人民出版社1994年版。

6. 董开军主编:《司法行政学》,中国民主法制出版社 2007 年版。

7. 范愉主编:《司法制度概论》,中国人民大学出版社 2003 年版。

8. 费孝通:《乡土重建与乡镇发展》,牛津大学(香港)出版社 1994 年版。

9. 傅郁林主编:《农村基层法律服务研究》,中国政法大学出版社 2006 年版。

10. 关保英主编:《司法行政法新论》,山东人民出版社 2011 年版。

11. 何永军:《断裂与延续——人民法院建设(1978—2005)》,中国政法大学出版社 2018 年版。

12. 何勤华、魏琼编:《董康法学文集》,中国政法大学出版社 2005 年版。

13. 江华:《江华司法文集》,人民法院出版社 1989 年版。

14. 蒋传光等:《新中国法治简史》,人民出版社 2011 年版。

15. 《建国以来毛泽东文稿》(第七册),中央文献出版社 1993 年版。

16. 刘复之:《刘复之回忆录》,中央文献出版社 2010 年版。

17. 钱端升:《民国政制史》(上、下),上海人民出版社 2008 年版。

18. 冉井富:《当代中国民事诉讼率变迁研究——一个比较社会学的视角》,中国人民大学出版社 2005 年版。

19. 任永安、卢显洋:《中国特色司法行政制度新论》,中国政法大学出版社 2014 年版。

20. 宋智敏:《从行政裁判院到行政法院——近代中国行政诉讼制度变迁研究》,法律出版社 2012 年版。

21. 苏力:《送法下乡:中国基层司法制度研究》(第 3 版),北京大学出版社 2022 年版。

22. 孙立平、晋军等:《动员与参与——第三部门募捐机制个案研究》,浙江人民出版社 1999 年版。

23. 孙业群:《司法鉴定制度改革研究》,法律出版社 2002 年版。

24. 孙业群:《司法行政权的历史、现实与未来》,法律出版社 2004 年版。

25. 肖扬:《肖扬法治文集》,法律出版社 2012 年版。

26. 王利杰、曹化霞主编:《监狱学基础理论》,中国检察出版社 2011 年版。

27. 王圣诵、王成儒:《中国司法制度研究》,人民出版社 2006 年版。

28. 吴宗宪:《社区矫正比较研究》(上),中国人民大学出版社 2011 年版。

29. 夏新华、胡旭晟等:《近代中国宪政历程:史料荟萃》,中国政法大学出版社 2004 年版。

30. 张福森:《司法部长谈司法行政》,法律出版社 2006 年版。

31. 张建伟:《刑事司法体制原理》,中国人民公安大学出版社 2002 年版。

32. 张立平:《我国农村法律服务的历史与转型》,中国法制出版社 2006 年版。

33. 曾庆敏主编:《法学大辞典》,上海辞书出版社 1998 年版。

34. 中国百科大辞典编委会编:《中国百科大辞典》,华夏出版社 1990 年版。

35. 中国社会科学院语言研究所词典编纂室编:《现代汉语词典》(第 7 版),商务印书馆 2016 年版。

36. 左卫民:《变革时代的纠纷解决——法学与社会学的初步考察》,北京大学出版社 2007 年版。

二、期刊论文类

1. 艾佳慧:《制度环境、诉讼策略与民事上诉率变迁——理论模型与初步检验》,载《法制与社会发展》2017年第5期。

2. 宝成:《中美司法行政制度比较》,载《中国集体经济》2010年第3期。

3. 鲍金红、胡璇:《我国现阶段的市场失灵及其与政府干预的关系研究》,载《学术界》2013年第7期。

4. 陈福勇:《我国仲裁机构现状实证分析》,载《法学研究》2009年第2期。

5. 陈洪杰:《转型社会的司法功能建构——从卡理斯玛权威到法理型权威》,载《华东政法大学学报》2017年第6期。

6. 陈瑞华:《司法行政体制改革的初步思考》,载《中国法律评论》2017年第3期。

7. 陈宜、崔玉麒:《法律服务分流制的构想——兼论法律服务市场的净化》,载《政法论坛》2002年第2期。

8. 董开军:《构建和谐社会视野下司法行政的几个问题》,载《中国司法》2005年第10期。

9. 杜国兴:《国家司法考试制度略论》,载《法学家》2002年第5期。

10. 杜倩博:《政府部门内设机构改革的逻辑与策略——基于公共机构治理的整体框架》,载《中南大学学报(社会科学版)》2018年第4期。

11. 范愉:《社会转型中的人民调解制度——以上海市长宁区人民调解组织改革的经验为视点》,载《中国司法》2004年第10期。

12. 范愉:《〈中华人民共和国人民调解法〉评析》,载《法学家》2011年第2期。

13. 傅郁林:《中国基层法律服务状况的初步考察报告——以农村基层法律服务所为窗口》,载《北大法律评论》2004年第1期。

14. 郭阳:《国家司法行政工作重新开局岁月点滴——忆在司法部恢复重建三十周年之际》,载《中国司法》2010年第3期。

15. 胡健华、李汉成:《谈法院司法行政工作的自行管理——法院改革探讨之五》,载《人民司法》1992年第12期。

16. 洪英:《国家治理现代化视阈下公证机构体制改革相关问题研究》,载《中国法律评论》2015年第1期。

17. 胡宁生:《国家治理现代化:政府、市场和社会新型协同互动》,载《南京社会科学》2014年第1期。

18. 黄学贤、李凌云:《政府法制机构与原司法行政机关整合:动因、问题及对策》,载《苏州大学学报(法学版)》2019年第2期。

19. 兰荣杰:《人民调解:复兴还是转型?》,载《清华法学》2018年第4期。

20. 李学举:《加强社会建设和管理 推进社会管理体制创新》,载《中国民政》2005年第4期。

21. 梁德超:《论司法行政服务的几个问题》,载《山东社会科学》1996年第2期。

22. 梁淑英:《中国对外司法协助(上)》,载《政法论坛》1996年第5期。

23. 林孝文:《地方政府权力清单法律效力研究》,载《政治与法律》2015年第7期。

24. 刘武俊:《司法行政基本概念新论》,载《中国司法》2007年第12期。

25. 刘新魁、陈海光:《法国司法制度的特色与发展》,载《法律适用》2004年第7期。

26. 聂鑫:《民国司法院:近代最高司法机关的新范式》,载《中国社会科学》2007年第6期。

27. 甫玉龙、黄凤兰:《行业协会权能的法律规范探讨》,载《中国行政管理》2006年第3期。

28. 戚振华:《事业单位改革下公证机构改革的几点建议》,载《中国司法》2012年第5期。

29. 曲广娣:《英国司法行政制度述要》,载《中国司法》2014年第7期。

30. 沈福俊:《行政复议委员会体制的实践与制度构建》,载《政治与法律》2011年第9期。

31. 施雪华、赵忠辰:《党的十九大后中国新一轮大部制改革的背景和思路》,载《理论与改革》2018年第4期。

32. 施鹏鹏:《司法管理与审判权的公正运行》,载《法律适用》2016年第6期。

33. 时延安:《劳动教养制度的终止与保安处分的法治化》,载《中国法学》2013年第1期。

34. 宋德公、方卫华、李成:《公证机构的性质定位与政策建议》,载《国家行政学院学报》2006年第6期。

35. 宋太郎:《试论人民调解的概念》,载《中国法学》1987年第3期。

36. 孙立平、王汉生等:《改革以来中国社会结构的变迁》,载《中国社会科学》1994年第2期。

37. 孙涛、张怡梦:《从转变政府职能到绩效导向的服务型政府——基于改革开放以来机构改革文本的分析》,载《南开学报(哲学社会科学版)》2018年第6期。

38. 孙业群:《论司法行政权(上)》,载《中国司法》2005年第

10 期。

　　39. 唐璨：《我国行政复议委员会试点的创新与问题》，载《国家行政学院学报》2012 年第 1 期。

　　40. 王公义：《我国司法行政体制的历史沿革》，载《中国司法》2004 年第 1 期。

　　41. 王青斌：《论我国行政复议委员会制度之完善》，载《行政法学研究》2013 年第 2 期。

　　42. 王文生：《谈司法行政系统办公室的协调工作》，载《中国司法》2001 年第 2 期。

　　43. 魏文伯：《对于"中华人民共和国人民法院组织法"基本问题的认识》，载《法学研究》1955 年第 1 期。

　　44. 吴建璠：《我国司法行政制度的改革》，载《法学研究》1959 年第 3 期。

　　45. 萧功秦：《后全能体制与 21 世纪中国的政治发展》，载《战略与管理》2000 年第 6 期。

　　46. 颜昌武：《党政体制下的中国行政国家建设：特色与路向》，载《暨南学报（哲学社会科学版）》2019 年第 7 期。

　　47. 杨立华：《建设强政府与强社会组成的强国家——国家治理现代化的必然目标》，载《国家行政学院学报》2018 年第 6 期。

　　48. 杨晓辉、郭辉：《中国近代司法行政机构的设置及其权限厘定》，载《河北法学》2016 年第 8 期。

　　49. 杨以才：《司法行政机关与公、检、法机关之关系问题初探》，载《中南政法学院学报》1987 年第 1 期。

　　50. 姚建龙：《〈戒毒条例〉与新戒毒体系之运作》，载《中国人民公安大学学报（社会科学版）》2012 年第 5 期。

　　51. 殷明胜：《德法两国的司法行政体制》，载《中国司法》2005 年第 2 期。

52. 应松年:《加快法治建设促进国家治理体系和治理能力现代化》,载《中国法学》2014年第6期。

53. 于浩:《当代中国司法改革的话语、实践及其反思——以"司法"定义切入》,载《山东社会科学》2015年第10期。

54. 俞可平:《治理和善治:一种新的政治分析框架》,载《南京社会科学》2001年第9期。

55. 俞可平:《中国的治理改革(1978—2018)》,载《武汉大学学报(哲学社会科学版)》2018年第3期。

56. 张福森:《我国司法行政制度的发展与完善》,载《法学家》2005年第3期。

57. 张红侠、郑大军:《1954—1966年人民调解实践研究》,载《淮北师范大学学报(哲学社会科学版)》2018年第1期。

58. 张康之:《论"后国家主义"时代的社会治理》,载《江海学刊》2007年第1期。

59. 张翔:《我国国家权力配置原则的功能主义解释》,载《中外法学》2018年第2期。

60. 张一鸣:《地方行政立法监督制度的域外借鉴及启示——基于政府规章备案审查的视角》,载《人大研究》2019年第8期。

61. 张迎涛:《司法部"三定"规定沿革综述》,载《中国司法》2013年第9期。

62. 钟莹、梁国勋:《个案管理:社区戒毒工作的新模式》,载《华东理工大学学报(社会科学版)》2008年第2期。

63. 种若静:《日本司法体制》,载《中国司法》2005年第5期。

64. 周汉华:《行政立法与当代行政法——中国行政法的发展方向》,载《法学研究》1997年第3期。

65. 周红云:《从社会管理走向社会治理:概念、逻辑、原则与路径》,载《团结》2014年第1期。

66. 周雪光、艾云:《多重逻辑下的制度变迁:一个分析框架》,载《中国社会科学》2010 年第 4 期。

67. 周雪光:《国家治理逻辑与中国官僚体制:一个韦伯理论视角》,载《开放时代》2013 年第 3 期。

68. 周雪光:《从"黄宗羲定律"到帝国的逻辑:中国国家治理逻辑的历史线索》,载《开放时代》2014 年第 4 期。

69. 周永坤:《中国司法概念史研究》,载《法治研究》2011 年第 4 期。

70. 朱新林:《人民调解:衰落与复兴——基于 1986—2009 年人民调解解纷数量的分析》,载《河南财经政法大学学报》2012 年第 4 期。

71. 竺乾威:《机构改革的演进:回顾与前景》,载《公共管理与政策评论》2018 年第 5 期。

72. 左卫民:《法学实证研究的价值与未来发展》,载《法学研究》2013 年第 6 期。

73. 左卫民:《中国法院院长角色的实证研究》,载《中国法学》2014 年第 1 期。

74. 左卫民、唐清宇:《依法治国背景下都会城市政府法制办公室运行机制与改革进路》,载《四川大学学报(哲学社会科学版)》2016 年第 2 期。

75. 左卫民:《时间都去哪了——基层法院刑事法官工作时间实证研究》,载《现代法学》2017 年第 5 期。

76. 左卫民:《"诉讼爆炸"的中国应对:基于 W 区法院近三十年审判实践的实证分析》,载《中国法学》2018 年第 4 期。

三、电子文献类

1. 邓杭:《温州司法局和律协就禁止律师擅答家属咨询道歉》,载凤凰网,https://news.ifeng.com/c/7fa4VYw2Cla,2019 年 11 月 28 日访问。

2. 孔祥涛:《坚持和发展新时代"枫桥经验"的三个向度》,载人民网,http://legal.people.com.cn/n1/2019/1220/c42510-31515141.html,2019 年 12 月 22 日访问。

3.《习近平:关于〈中共中央关于全面深化改革若干重大问题的决定〉的说明》,载人民网,http://cpc.people.com.cn/n/2013/1116/c64094-23561783-4.html,2019 年 9 月 13 日访问。

4.《做好宣传思想工作,习近平提出要因势而谋应势而动顺势而为》,载新华网,http://www.xinhuanet.com//politics/2018-08/22/c_1123307452.htm,2019 年 9 月 13 日访问。